MÉMOIRE SIGNIFIÉ

POUR les Sieurs GENTY, GIGOT & MABILLE, cy-devant Interessez dans la Ferme de l'Equivalent de Languedoc.

CONTRE le Sieur BOURDON DESPLANCHES, *aussi cy-devant Interessé dans la même Ferme.*

LA nécessité de deffendre une Cause ne dispense point de l'obligation d'être exact sur les Faits & réservé dans les expressions. Si la Cause est juste, la licence & les écarts ne lui prêtent aucun secours utile ; si elle ne l'est pas, celuy qui la soûtient de cette façon réünit contre lui le blâme qu'excite l'injustice, commise avec réflexion & l'indignation düe à quiconque prodigue publiquement des injures, & se permet d'outrager sans motif ceux qu'il poursuit sans raison.

Le Sieur Bourdon Desplanches n'a sûrement pas réfléchi sur ces véritez, puisqu'il diffame dans un Libelle immense les Sieurs Gigot, Genty & Mabille avec une témerité & une indiscretion que l'objet de sa prétention n'autorise sûrement pas.

Interessés comme lui dans la Ferme de l'Equivalent de Languedoc, & partageant avec tous les autres Associés les disgraces de cette Affaire, ils ont été choisis & chargez des Pouvoirs de la Société, pour souscrire à la résiliation du Bail, qui depuis longtems avoit été regardée par tous les Interessés & par le Sieur Bourdon Desplanches luy-même, comme le seul remede aux malheurs de l'Entreprise.

Doivent-ils, parce qu'ils ont exécuté cette volonté au nom & comme Mandataires de leurs Associés, être en butte, au déchaînement & aux excès du Sieur Bourdon Desplanches, qui se plaint seul d'une résiliation devenüe nécessaire ? Est-il permis de leur imputer, comme on fait à chaque Page de son Libelle, d'avoir *agi & disposé en Maîtres du Bien d'Autrui* ; ils ressentent comme les autres le malheur de cette Résilia-

A

tion, leurs interêts y font également compromis ; en un mot, ce qu'ils ont fait tourne contre eux avec les mêmes effets ; ainfi on ne peut point fuppofer qu'ils ayent fait un Acte capricieux ou arbitraire : au furplus, leur operation connüe du Miniftere, n'a été confommée qu'après avoir été difcutée, & convenüe fous fes yeux. Un Magiftrat illuftre, inftruit de tout, peut encore confirmer la verité de ce qu'ils vont ex-pofer, l'action du fieur Bourdon Defplanches ne peut donc pas être redou-table pour eux : il y eft d'ailleurs non-recevable, puifqu'ils n'ont agi que comme Mandataires, & en vertu d'un Pouvoir fpécial ; le Sieur Bourdon Defplanches a de plus executé lui - même la Tranfaction contre laquelle il s'éleve aujourd'hui ; comment donc s'eft-il permis tant d'écarts, & une diffamation fi téméraire contre des Parties, dont il n'a ni le droit ni la faculté de blâmer la conduite ?

F A I T.

La Compagnie des Sieurs Genty, Gigot & Mabille ayant concouru à l'Adjudication de la Ferme de l'Equivalent de Languedoc, elle en fut Adjudicataire fous le Nom de Pierre Saint le 8. Mars 1754. à l'Affem-blée des Etats moyennant la fomme de douze cent quatre-vingt-dix-huit, mille livres par an : le Bail étoit de fix ans, à commencer du premier Janvier 1755. pour finir au dernier Decembre 1760. elle fe rendit encore Adjudicataire du Bail des Etapes & des Voitures à fournir pour le Service des Troupes de Sa Majefté, & des Baux particuliers des Subven-tions & Octrois des Villes & Communautés de Carcaffonne, Bédarieux, Pezenas, Alais & Caftres.

Il eft important d'obferver que le Sieur Bourdon n'avoit point concouru à l'Adjudication du Bail de l'Equivalent, qu'il n'eft point du nombre des Cautions de Pierre Saint, & qu'il n'a contracté ni foufcrit aucun Enga-gement à cet égard avec les Etats de Languedoc ; la Protection du Miniftre des Finances * dont il étoit honoré, lui fit obtenir un fol d'inte-rêt dans l'Affaire, ainfi c'eft par ordre qu'il y fut admis. Son intention en y entrant fut très-évidemment de négocier des portions d'interêt, & de bénéficier par cet efpece de Commerce, en fe procurant des Pots-de-Vin, & d'autres Avantages dont la connoiffance luy étoit particuliere : on n'a-vance rien ici au hazard, les Ceffions qu'il a faites aux Sieurs Darcy & Tiercet le juftifient, & l'on peut même placer au rang de fes fpéculations pour les bénéfices, la Négociation par laquelle il paroît avoir acquis l'interêt du Sieur Claverye de Maignent au mois de Mars 1757. A cette époque les malheurs de l'Affaire étoient portés à un dégré qui ne laiffoit aucun efpoir de reffource ni de remede ; la Societé devoit en effet pour lors, deux Quartiers de fon Bail, & quatre à cinq cent mille francs par Billets mis fur la Place, qu'elle étoit dans l'impuiffance d'acquitter.

Il eft effentiel de fixer les attentions à cet état critique de la Societé qui n'étoit ignoré d'aucuns des Intereffés, pour faire prendre une jufte idée des clameurs du Sieur Bourdon Defplanches fur l'importance de fon interêt & de fa mife dans l'Affaire ; il n'eft pas probable, & il ne peut pas être vrai que le Sieur Bourdon qui n'avoit fait aucuns Fonds à lui dans le commencement du Bail, ait faifi précifément l'époque de fon défordre

* M. de Machault.

total, pour facrifier une fomme de quatre-vingt mille livres à acquérir pour fon compte, l'intérêt du Sieur Claverye de Maignent, & les intérêts dûs des Fonds d'avance pendant quatre ans; cette operation tient à un myſtere qui n'eſt pourtant pas impénétrable.

Le ſieur Bourdon Deſplanches qui s'étoit propoſé, comme on vient de l'obſerver, de s'aſſûrer un bénéfice indépendant de l'Affaire, par les reſſources de l'intrigue, en trafiquant des interêts, ne peut ſûrement avoir d'autre part que celui de l'entremiſe, dans la Négociation de celui du Sieur Claverye de Maignent. Cet Intereſſé rebuté des Pertes immenſes faites déja ſur la Ferme de l'Equivalent, aura montré au Sieur Bourdon Deſplanches une réſolution de céder ſon Intérêt à quiconque voudroit l'acquerir; d'un autre côté, un Etranger qui ne connoiſſoit point les déſaſtres de la Ferme, ſe ſera préſenté, ou aura été recherché par le Sieur Bourdon Deſplanches; on ſçait aſſez que Paris abonde de Perſonnes ambitieuſes d'entrer dans les Affaires, dont l'empreſſement diſpenſe même des frais de la ſéduction; c'eſt ainſi ſûrement que profitant d'un côté des dégoûts du Sieur Claverye de Maignent, & de l'autre du deffaut de connoiſſance de l'Affaire ou de l'empreſſement d'un Tiers pour y entrer, il aura acquis à bon marché, & revendu auſſi-tôt cet Intérêt un peu plus cher : une Declaration ſecrette, ordinairement en uſage dans ces ſortes d'opérations, cache à coup ſûr le vray Proprietaire, mais certainement le ſieur Bourdon ne l'eſt point; car comment croire, on le répete, qu'un Homme qui a cedé portion de ſon propre Intérêt, parce que les Fonds en étoient trop lourds pour lui, qui n'a rembourſé pendant trois ans aucunes des ſommes qui lui avoient été prêtées pour ſon Intérêt originaire, qui n'a fourni aucuns Fonds de ſes Deniers à la Société, ait été aſſés imprudent pour acquerir un nouvel Intérêt pour ſon propre compte dans le tems du plus grand déſeſpoir de tous les Intereſſez, à cauſe de l'immenſité de leurs Pertes ? *

Cette digreſſion étoit néceſſaire pour réduire à une valeur plus exacte les Plaintes ameres du Sieur Bourdon Deſplanches ſur une prétenduë perte de 66000. liv. qu'il ſupporte, dit-il, par la réſiliation, & pour faire coñnoître l'étenduë & la réalité de ſon Droit, on aura bien-tôt donné une idée auſſi juſte de la légitimité de ſa prétention.

La Société pour la Ferme de l'Equivalent de Languedoc, des Etapes & autres Objets, n'a jamais joüi de l'eſperance de ſe ſoûtenir avantageuſement, ſa Régie étoit à peine commencée qu'elle éprouva toutes les traverſes poſſibles dans la perception des Droits qui lui avoient été affermés. Elles furent portées ſi loin, qu'on fût bien-tôt obligé de préſenter aux Etats un Mémoire contenant differentes Demandes relatives aux Contradictions, Conteſtations, Troubles, Violences, abus de Privileges que les Fermiers avoient déja éprouvés, & afin de conſtater définitivement les Droits qui leur avoient été affermés; mais ces premieres repreſentations furent infructueuſes; cependant les mêmes obſtacles à la perception ſe ſoûtenant toûjours, les Fermiers furent obligés de recourir encore aux Etats, eux-mêmes garants de la joüiſſance qu'ils avoient affermé. En refuſant juſtice aux Fermiers ſur leurs premieres Remontrances, ils avoient ouvert une Porte encore plus facile aux abus, & aux refus de

---

* Il y avoit déja cinq mois que la Compagnie avoit pris une Déliberation pour requerir que le Bail fut réſilié. Le Sieur Bourdon Deſplanches fut un des Délibérans.

payement qui éclaterent alors avec cette affûrance qu'excite la certitude de l'impunité. Les conféquences de cette pofition s'offrant aux yeux des Intereffés dans la Ferme, avec tous les effets qui en alloient être la fuite, ils fentirent vivement par le malheur de leur état la néceffité de faire une feconde tentative, & de rédiger leurs nouvelles Repréfentations relativement à la difgrace de leur fituation, en y raffemblant les Moyens qui parurent praticables pour la faire ceffer.

Ces nouvelles Remontrances furent arrêtées dans une Affemblée tenuë le 29. Octobre 1756. à laquelle le Sieur Bourdon Defplanches affifta, il figna même la Déliberation qui y fut prife, * par laquelle le Sieur Mabille fut député pour aller à Montpellier foûtenir fes Droits, & reclamer la juftice des Etats, » en demandant pour le paffé une Indemnité propor-» tionnée aux Pertes foufferttes , & des moyens fuffifans pour régir le » Droit d'Equivalent & en joüir, requerir en cas de refus la réfiliation » entiere des Baux de l'Equivalent , & de la Fourniture des Etapes & » Voitures ; ce faifant, *de demander à être admis à compter de Clerc à* » *Maître ,* & déclarer néanmoins que la Compagnie continuëra les deux » Régies pour le compte des Etats jufqu'à ce qu'il leur ait plû d'y pour- » voir ; telle fut la réfolution à laquelle la Société fe vit forcée de s'ar- rêter par les circonftances malheureufes, de l'exploitation du Bail ; ainfi , quoique les Fermiers n'euffent pas atteint encore la fin de leur feconde année, ils étoient déja réduits à la dure néceffité de défirer qu'il leur fut permis de renoncer à leur Entreprife : le fieur Mabille arrivé à Montpel- lier s'acquitta exactement de tous les Pouvoirs de fa Compagnie , il em- ploya tous les moyens imaginables pour que fa Négociation fut heureufe , & obtenir tout ce qu'il étoit chargé de demander ; mais les Etats inflé- xibles ne laifferent au fieur Mabille que le regret d'un Voyage inutile , & à fa Compagnie le défefpoir d'être engagée dans une Affaire ruineufe.

On crût fe fouftraire aux Pourfuites qui étoient à craindre, & ramener les Etats à des confidérations d'équité, *en leur dénonçant que tous Paye-* *ments cefferoient d'être faits à leur Caiffe, que cependant l'exploitation de la* *Ferme feroit continuée aux rifques, perils & fortunes de la Province , avec* *proteftation de fe pourvoir au Confeil.*

Il fallut fe hâter d'y avoir recours, parce que les Etats à la vûë de cette Dénonciation, délibererent de nouveau, que fans y avoir égard, leurs précédentes Déliberations prifes contre les Fermiers feroient exécutées ; les Syndics Généraux furent chargés d'y tenir la main, & le Tréforier de la Bourfe d'exiger le payement du prix du Bail.

Leur Requête au Confeil, contenant le détail de tous les objets foûmis d'abord aux Etats eux-mêmes , dont le Miniftre étoit déja très-inftruit , & fur lefquels M. l'Archevêque de Narbonne avoit bien voulu leur pro- mettre fa Protection , raffembloit tous les Chefs de Conclufions relatifs à leur fituation , & notamment afin qu'il fut furfis à l'exécution de toutes Contraintes décernées contre eux. Mais ils n'obtinrent qu'un Arrêt de foit communiqué, c'eft celui du 7. Février 1757. dont il eft tant parlé dans le Mémoire & les Requêtes du Sieur Bourdon, la Surféance fut refufée par le motif *que l'exécution provifoire étoit dûë au Bail.*

Cet Arrêt, comme on voit, ne leur laiffoit au plus que l'efperance de

---

* Il débite à ce fujet dans fon Mémoire beaucoup de Faits qu'on ne fe rappelle point, mais qui font fort inutiles en eux-mêmes , puifqu'il a figné la Déliberation.

discuter

difcuter leurs prétentions au Confeil même ; mais : 1°. Les Fermiers ; Cautions du Bail , n'en étoient pas moins expofés à toutes les Pourfuites pour le payement des Quartiers échûs , dont la protection feule du Confeil les avoit exemtés jufqu'alors : 2°. Aucun d'eux ne pût ignorer que les Etats inftruits de cet Arrêt , n'auroient pas manqué auffi-tôt la fignification qui en auroit été faite , de faire exécuter les Contraintes avec la plus grande rigueur : il auroit fallu des Fonds pour prévenir ce défaftre : 3°. Les Etats étoient tout difpofés , en répondant à cet Arrêt , à demander avec fermeté le Renvoy des Conteftations à la Cour des Aydes de Montpellier , Juge naturel des Parties , & le Miniftre ne penfoit pas qu'il pût ni dût fe refufer de déférer à cette Demande qui n'auroit pas manqué d'être formée : 4°. Enfin il eft conftant , & on l'attefte que le Miniftre balancé par ces confidérations , & porté par un mouvement de commifération pour une Compagnie infortunée , ne voulut pas permettre que l'Arrêt fut fignifié , il n'en auroit accordé la liberté qu'autant que la Société auroit été en état d'acquitter fur le champ ce qu'elle devoit ; que reftoit-il donc à faire dans une femblable extrêmité , c'étoit fans doute de profiter de l'inaction des Etats fur les Pourfuites dont les Fermiers de l'Equivalent étoient redevables aux bontés du Miniftre , pour négocier un Accommodement : c'eft ce dont on s'occupa pendant l'intervalle de tems depuis l'Arrêt de foit communiqué jufqu'à la conclufion confommée par la Tranfaction du 10. Novembre 1757. qui fait la matiere du Procès.

Les Sieurs Gigot , Genty & Mabille , Dépofitaires de la confiance de leur Compagnie , n'ont épargné aucuns foins , aucunes démarches , aucunes repréfentations pour parvenir à ce que la Régie & la Perception fuffent rétablies comme elles devoient l'être , à ce que la Compagnie obtint une Indemnité pleine , ou que tout-au-moins , la réfiliation , s'il falloit en venir là , ne fut point onéreufe aux Intereffés ; les Propofitions , les Débats , les Conférences , foit avec le Miniftre , foit avec M. l'Archevêque de Narbonne , Préfident des Etats , & les Députés furent fans nombre , le Miniftre daigna même entendre lui-même M. l'Archevêque de Narbonne , & les Sieurs Gigot , Genty & Mabille contradictoirement fur leurs Prétentions réciproques dans une Audience très-longue , où tout fut débattu de part & d'autre dans le plus grand détail , & fûrement le Miniftre ne parut pas douter que les Demandes & Repréfentations de la Compagnie ne fuffent juftes & qu'il ne fut naturel même , que les Etats y euffent égard ; c'eft dans ces circonftances fans doute où les trois Affociés agiffans pour leur Corps , & follicitant vivement une Décifion qui paroiffoit devoir être avantageufe , à en juger par les Difpofitions du Miniftre & l'impreffion que l'état déplorable de la Société & la juftice de fa Caufe avoient fûrement faite fur lui ; c'eft , dit-on , dans ces circonftances que fut écrite cette Lettre du Sieur Gigot au Sieur Defplanches dont celui-ci fait un éclat fi fcandaleux , en interprêtant d'une façon tout-à-fait infidele , un difcours & des expreffions qui étoient néanmoins pour le moment le langage de fa vérité , & celui de l'efperance que les trois Affociés avoient encore lieu de former.

Tout ce qu'on vient de dire eft exact , on ne craint point d'avancer que les Bureaux du Miniftre doivent conferver encore des Mémoires & les Lettres que le fieur Mabille & fes deux Affociés prirent la liberté de luy remettre , & de lui écrire à cette occafion ; en un mot , le tems qui

B

s'eft écoulé dans cette Négociation , le défir de remplir les vœux d'une Compagnie qui avoit confié fon fort aux Sieurs Gigot, Genty & Mabille, l'intérêt perfonnel de ceux-ci, tout offre des garants fûrs des attentions du zéle & de la vigilance qu'ils ont mis à traiter leurs Droits & à les difcuter; il y a plus, & ils ofent le répéter, un Magiftrat refpectable , témoin de tout, peut élever fa voix & confirmer d'une façon impofante la vérité de tous les Faits qui font la juftification de la Compagnie, & des Sieurs Gigot, Genty & Mabille.

Ils attendoient , comme on vient de le dire, une Décifion favorable aux Intérêts qu'ils ftipuloient. Elle fut annoncée enfin, mais qu'ils fe trouverent éloignés de leurs efperances, lorfqu'au lieu de l'indemnité pleine ou de la faculté de compter de Clerc à Maître, le Miniftre leur déclara qu'il falloit fe déterminer à réfilier le Bail, qu'en ce cas Sa Majefté vouloit bien faire à la Société, la grace de luy accorder un dédommagement de la fomme de neuf cent mille livres, * fe charger de l'acquitter de cette fomme envers la Province, fur & en déduction des cinq Quartiers du Bail qui feroient échûs au premier Janvier 1758. que fi cette condition n'étoit point acceptée, les Parties feroient auffi-tôt renvoyées à la Cour des Aydes de Montpellier pour proceder fur leurs Prétentions refpectives ; le Miniftre en confequence donna ordre ** aux fieurs Gigot , Genty & Mabille d'affembler fans délay leur Compagnie, afin qu'elle prit une réfolution prompte fur cette alternative, & qu'en cas d'acceptation , *elle fit promptement les arrangemens convenables pour paffer les Actes & Transactions neceffaires avec M. l'Archevêque de Narbonne & la Députation des Etats , de façon que le tout fut entierement confommé dans le 10. d'Octobre 1757. au plûtard , afin que le départ de la Députation qui devoit fe rendre dans la Province pour le tems de l'Affemblée des Etats dont l'ouverture étoit fixée au 27. du même mois , n'en fut pas plus longtems retardée.*

L'obéïffance fut prompte, la Compagnie affemblée le premier Octobre 1757. *** entendit le Rapport de fes trois Députés , & la confternation fut générale. En effet la bienfaifance de Sa Majefté leur laiffoit néantmoins encore entrevoir des pertes confiderables.

Mais les deux partis fur lefquels on avoit à réfoudre étoient trop inégaux , pour qu'on pût héfiter à fe déterminer. Si d'un côté on prévoyoit une perte confiderable , on voyoit neceffairement de l'autre un avenir bien plus funefte.

Premierement, une obligation inftante de payer fur le champ feize cent mille francs dûs pour cinq Quartiers du Bail, & l'impuiffance de fatisfaire à une fomme auffi immenfe ; fecondement, le point de vûë effrayant d'entrer dans un Procès long & ruineux devant un Tribunal de la Province prévenu des prétendus Privileges que les Fermiers avoient toûjours eu à combattre, de qui confequemment la Compagnie ne devoit pas efperer plus de juftice qu'elle n'en avoit obtenu des Etats eux-mêmes ; enfin une continuation pendant trois ans encore d'une Ferme la plus ruineufe qu'on pût

* Le Miniftre ne voulut pendant longtems accorder que 600000. liv. il augmenta enfuite jufqu'à 660000, liv. & c'eft fous le Miniftere de M. de Boulongne qu'à force de repréfentations & d'inftances , les Sieurs Gigot , Genty & Mabille ont reçu la derniere décifion , qui porte l'indemnité à 900000. liv.
** Il fut donné en préfence de M. d'Ormeffon.
*** Par Billets de Convocation fuivant l'ufage qui s'obferve dans les Compagnies de Finance , ceux-ci indiquoient de plus les Ordres précis du Miniftre.

connoître, & par la même raison une continuation de pertes qui seroient devenuës plus grandes encore par les difficultés nouvelles qu'on se feroit crû en droit de faire à une Compagnie abandonnée par le Conseil; enfin l'obligation de faire exactement à chaque Quartier les Fonds nécessaires pour payer les Etats, qui, avec toute la supériorité qu'ils auroient eu dans cette situation, n'auroient accordé aucune grace aux Fermiers.

Voilà les objets qui s'offrirent aux yeux des Interessés assemblés, ceux qu'ils dûrent peser en déliberant. Qui pourroit maintenant, en comparant les deux partis sur lesquels ils avoient à se résoudre, penser qu'ils dussent préférer le dernier malgré la fâcheuse extrêmité de l'autre ?

Le sieur Bourdon Desplanches peut seul ouvrir cette opinion, mais il faut connoître son état, pour être bientôt au fait d'une déclamation aussi insensée; il est sûr, quoiqu'il puisse dire, qu'il avoit très-peu d'interêt dans l'Affaire, mais d'ailleurs il n'avoit point contracté d'engagement personnel avec les Etats; il n'est point du nombre des Cautions du Fermier; ainsi à tous égards il n'avoit point de risques à courir sur les évenemens. Les Contraintes ne pouvoient point tomber sur luy, & la décadence entiere de l'Affaire ne l'exposoit pas au danger de perdre davantage; il est aisé d'éxiger beaucoup quand on a tant de motifs d'indifference.

Il fallut donc se soumettre, en gémissant, à accepter la condition qui offroit moins de désavantages. On se flatta néantmoins que lorsque le montant des pertes réelles seroit constaté on pourroit obtenir de la bonté de Sa Majesté qui se déclaroit déjà en faveur des Fermiers, un supplément d'indemnité: ainsi la Déliberation fut arrêtée sur le champ, & dans le même moment les Associés qui y concoururent passerent une Procuration aux sieurs Genty, Gigot & Mabille à l'effet de consentir à la résiliation du Bail de l'Equivalent à compter du premier Janvier 1758. & ils furent autorisés à tirer sur la Caisse une somme de *six mille six cent livres pour être employée en dépenses secrettes dont ils seroient dispensés de rendre compte;* mais en leur donnant pouvoir d'accepter la résiliation on leur imposa la Loi d'éxiger des conditions qui ne furent point exprimées dans la Déliberation ny dans la Procuration; mais le sieur Mabille en instruisit M. le Contrôlleur Général par une Lettre qu'il eût l'honneur de lui écrire le lendemain de l'Assemblée.

Il n'est pas inutile de rapporter ici ces conditions, afin de démontrer qu'au moins, rien ne fut négligé pour rendre l'état des Fermiers moins accablant. On demandoit que le Bail des Etapes fut résilié en même tems que celui de l'Equivalent.

Que le nouveau Fermier de l'Equivalent fut subrogé à la place des Anciens, dans les Adjudications des Octrois & Subventions des Villes de Carcassonne, Castres & autres de la Province, à compter du premier Janvier 1758.

Qu'il fut tenu d'entretenir les Abonnemens & Compositions faites avec les Redevables, & les Marchés & Sous-Traités, ou qu'il s'arrangeât avec les Sous-Traitans, de maniere que les Fermiers sortans n'en fussent point inquietés.

Qu'il fut tenu d'entretenir les Baux de Maisons & autres Lieux pris à Loyer pour l'Exploitation.

Que la somme de 412000. livres prêtée par la Compagnie à la Province en 1754. seroit remboursée au plûtard dans l'année 1758. avec les interêts à cinq pour cent.

Que le nouveau Fermier se chargeroit du Recouvrement des Restes à la Remise du sol pour livre, & seroit tenu de les payer comptant au plûtard dans le mois de Mars 1758.

Qu'il se chargeroit de la suite des Instances commencées à ses risques.

Qu'après l'Arrêté du Compte des Etapes de l'année 1757. la somme qui seroit dûe à la Compagnie au-dessus de l'imputation, lui seroit payée au plûtard au premier Janvier prochain.

Qu'il seroit fait raison aux Fermiers par la Province, du prix des Voitures qu'ils avoient été contraints de fournir aux Troupes au-delà des quantités fixées par les Ordonnances, sauf la répétition de la part des Etats, contre les Régimens qui les ont indûement exigés.

Telles furent les conditions que la Compagnie désira d'obtenir en résiliant son Bail. M. d'Ormesson qui avoit déja pris une très-grande part à tout ce qui avoit précédé la derniere Décision de M. le Controlleur Général, voulut bien se prêter encore aux Arrangemens de la Conclusion; les Projets d'Actes à passer lui furent remis, pour qu'il voulut bien les communiquer à M. l'Archevêque de Narbonne & aux Députés des Etats.

M. le Duc de Mirepoix mourut dans ces circonstances, & cet événement imprévû recula l'Ouverture des Etats qui avoit été indiquée au 27. Octobre, *

L'intervalle qu'il procura fut employé à traiter des Moyens de terminer l'Affaire de la Résiliation, les Projets remis par les Sieurs Gigot, Genty & Mabille, qui contenoient toutes les conditions dont on vient de rendre compte, n'ayant point été approuvés, M. d'Ormesson eut la bonté d'en communiquer d'autres; le Ministre lui-même désira que l'Acte à passer ne contînt que la Résiliation du seul Bail de l'Equivalent. Il voulut bien même se prêter au désir de M. l'Archevêque de Narbonne, pour qu'on ne fît point mention de l'Arrêt du Conseil du mois de Février 1757. * dont en effet l'énoncé devenoit fort peu essentiel dès que les Parties étoient au terme de résilier; ainsi il fallut se réduire à rassembler les Conditions desirées par la Compagnie, dans un Acte particulier, dont M. d'Ormesson voudroit bien être le Dépositaire, jusqu'à ce qu'elles fussent entierement accomplies. Cet Acte fut dressé & communiqué à M. l'Archevêque de Narbonne, mais ce Prélat en marqua le plus grand mécontentement. *Il déclara de la maniere la plus ferme, que les Etats ni personne en leur nom, ne pouvoient, ne devoient & ne voudroient consentir à ces Conditions.* Sa détermination fut ferme en effet, & il la fit adopter par le Ministre : la forme même de l'Acte de Résiliation lui parut également peu convenable pour les Etats, *en ce qu'il étoit dressé dans le goût d'une Transaction, & que les Etats n'entendoient point transiger avec leurs Fermiers, mais leur accorder par forme de grace la Résiliation de leur Bail, en se réglant sur les Payemens de la maniere qui avoit été convenue.*

* On trouve dans le Mémoire du Sieur Bourdon Desplanches une infinité de Questions, & surtout des Remarques frappées à son coin ordinaire, sur la distance qui se trouve entre la Délibération pour résilier, & la Transaction; quoique suivant l'Exposé des Sieurs Gigot, Genty & Mabille le Ministre eût exigé que le tout fut consommé dans le 10. Octobre 1757. le fait de la mort de M. le Duc de Mirepoix suffit pour détruire toutes ces absurdes Réflexions, parce que cette circonstance rendit l'opération moins instante.

** Ceci est positif, & répond encore aux Questions du Sieur Bourdon sur ce qu'il n'est point parlé de cet Arrêt dans la Transaction. Quel Questionneur que ce Sieur Bourdon, mais qu'il est petitement & mal adroitement méchant dans ses conséquences.

Ce

Ce Prélat voulut encore absolument que la Procuration passée par la Compagnie aux Sieurs Genty , Gigot & Mabille le premier Octobre 1757. fut réformée , en ce qu'il leur avoit été donné pouvoir *de consentir conformément à l'intention du Roi , à la Résiliation du Bail de l'Equivalent.* Il exigea qu'on y substituât seulement ces mots *accepter la Résiliation* , &c. parce que , dit-il, *elle devoit être libre de part & d'autre*; il prescrivit encore qu'on en retranchât le pouvoir de requerir la Résiliation du Bail de l'Etape , *parce que la Députation n'avoit point de Pouvoir pour l'accorder.* Ces deux changemens furent l'objet d'une Lettre qu'il prit la peine d'écrire au fieur Mabille le 8. Novembre 1757.

Les Fermiers toujours fous le joug du Droit des Etats & de leur Pouvoir, furent contraints de plier encore fous cette volonté, & voilà le motif de cette feconde Procuration du 9. Novembre 1757. contre laquelle le fieur Bourdon Desplanches déclame avec tant de violence , & fur laquelle il éleve d'un ton de pénétration bien peu honorable pour fon jugement , des préfomptions de manœuvres & de furprifes de la part des Sieurs Genty , Gigot & Mabille.

Il avoit déja fallu fe foumettre à accepter la Résiliation pure & fimple, telle que M. l'Archevêque de Narbonne & les Députés des Etats avoient voulu la prescrire, néanmoins ils accorderent de rembourfer dans le cours de l'année 1758. la fomme de quatre cent douze mille livres qui ne devoit être restituée qu'en 1760. ainfi l'Acte en fut paffé tel qu'on le voit dans la Production ; mais comme la Condition principale de cette Réfiliation avoit été que Sa Majesté voudroit bien fe charger d'acquitter Elle-même les Fermiers d'une fomme de neuf cent mille livres fur le montant des cinq Quartiers qu'ils devoient du prix de leur Bail , cette Promesse du Ministre fut effectuée par un Arrêt du Confeil du 29. Novembre 1757. qui, moyennant les Arrangemens qui y font exprimés , opere la décharge de l'Engagement qui avoit été contracté à cet égard par les Sieurs Genty, Gigot & Mabille dans l'Acte de Réfiliation.

Il restoit cependant encore trois Objets à confommer; l'un, la Réfiliation du Bail des Etapes & Voitures ; l'autre, celle des Baux des Subventions des Villes & Communautés de Carcaffonne , Bedarieux, Pezenas & Castres ; le troifiéme, d'obtenir la nullité des differens Abonnemens, Compofitions, Marchés & Sous-Traités que la Compagnie avoit faits avec differens Particuliers de la Province , ainfi que des Baux à Loyer des Maifons & des Bureaux dont la durée devoit être égale à celle de l'Exploitation de la Ferme de l'Equivalent ; on peut fe rappeller que tous ces Objets avoient été propofés par la Compagnie comme étant des Conditions naturelles du Traité de Réfiliation dont elles devoient faire partie.

La Députation des Etats n'ayant point de Pouvoir pour accorder la Réfiliation du Bail des Etapes & Voitures , cette Partie ne pût être conclue qu'à la Séance même des Etats , en vertu d'une Procuration expresse envoyée par la Compagnie le 10. Décembre 1757. à l'un de fes Affociés qui étoit pour-lors à Montpellier.

A l'égard des deux autres Objets ils furent abfolument rejettés. Il faut avouer auffi, que les Fermes des Subventions des Villes de Carcaffonne & autres de la Province , n'étoient point tenues des Etats même , & que la Société n'en avoit eu la Régie que par des Adjudications particulieres faites pardevant le Sieur Intendant de la Province, ainsi il fallut se pourvoir au Conseil même sur ces deux Objets ; les Requêtes furent envoyées à M. l'Intendant, mais sa Réponse ne fut favorable sur l'une ni l'autre partie, il annonça que le nouveau Fermier n'étoit nullement disposé à se charger des Baux des Subventions sur le pied qu'ils avoient été adjugés à l'ancienne Compagnie ; qu'en ce cas il faudroit proceder par de nouvelles Adjudications à la Folle-Enchere de l'ancien Fermier de l'Equivalent, mais ce Moyen auroit été trop préjudiciable ; il étoit impossible que l'ancienne Compagnie y donna les mains.

Quant à la Demande concernant la nullité des Abonnemens, Traités & Marchés particuliers, M. l'Intendant répondit que la voye de l'Autorité n'étoit point praticable pour annuller tous ces Traités, & qu'il seroit impossible & contraire aux Privileges de la Province, de dépoüiller les Juges ordinaires de la connoissance des Contestations qui naîtroient à ce sujet.

On fut encore obligé, moyennant cet Avis, de renoncer définitivement à ces prétentions ; ainsi toute la négociation n'a produit que la résiliation du Bail de l'Equivalent & de celuy des Etapes.

Telles sont dans un exposé fidele les operations des sieurs Gigot, Genty & Mabille ; on peut juger d'après ce détail s'ils peuvent être sujets à quelque recours legitime de la part de quelqu'un de leurs Associés ; considerons maintenant le sieur Bourdon Desplanches dans sa conduite.

Il revint à Paris dans la fin de Décembre 1757. après une absence assez longue. Il sçut alors le fait de la résiliation qui venoit d'être consommée. Mais il agit en Homme convaincu de la nécessité de cette operation, moins aigri sur la perte qu'il ressentoit comme ses autres Associés ; il pensa sans doute que ce sacrifice, tout amer qu'il étoit, devenoit néantmoins par la fatalité des circonstances un Acte indispensable.

Il ne protesta ni contre la Transaction dont il se plaint aujourd'hui si hautement, ni contre la nouvelle Adjudication qui en fut la suite. Il y a plus, loin de faire éclater cette indisposition, ce mécontentement qu'il exhale aujourd'hui avec tant d'aigreur, il reçut dans le courant de l'année 1758. sa proportion du remboursement des quatre cent douze mille livres avancées aux Etats par la Société en l'année 1754. & dont le remboursement quoique fixé par le Bail à l'année 1760, fut anticipé & reglé pour l'année 1758. par une Convention de la Transaction pour résilier.

Ce n'est qu'après avoir reçu cette répartition, que le sieur Bourdon Desplanches porté par la nécessité de faire ressource, imagina de donner l'être à cette Action capricieuse dont il occupe aujourd'hui le Bureau des Comptes en Banque ; aussi singulier dans sa conduite que dans son objet, il avoit porté d'abord sa Demande aux Consuls ; la Compagnie ne fut pas plûtôt informée de cette démarche irréguliere, qu'elle prit une Délibération pour se pourvoir, & le Conseil instruit de tout le fond de cette Affaire, de la part que le Ministere y avoit prise, n'hésita pas à rendre un Arrêt qui évoque au Conseil les Demandes du sieur Bourdon Desplanches.

Celui-ci qui ne sçait point doûter, qui pense que la raison est toûjours dans son parti, & que ses idées sont les plus sûres, forma promptement opposition à cet Arrêt pour conserver le droit de plaider aux Consuls ; mais il en fut débouté par un second Arrêt du 25. Avril 1759. qui ren-

;voye les Parties au Bureau des Comptes en Banque.

Il convient maintenant que les Consuls étoient incompétens, il dit même qu'il procede avec satisfaction au Bureau dont l'équité le raffûre sur le fort de sa Demande ; pourquoi donc réfistoit-il à se presenter au Conseil ? Il lui faut sans doute des Arrêts pour le convaincre de ses erreurs ; en ce cas il y en a une encore à détruire, & l'on espere qu'elle le sera bientôt par le même moyen.

Les Faits qu'on vient d'exposer avec un peu d'étenduë peut-être, mais dans un détail qui étoit indispensable pour mettre dans un veritable jour l'état des Interessés dans la Ferme de l'Equivalent, les crises de leur situation & la conduite des trois Associés qu'on attaque, doivent éclaircir dès-à-present sur tout ce que les déclamations & les injures hardies du sieur Bourdon Desplanches ont d'odieux ; si même il étoit fondé en droit, la licence de ses propos, l'emportement de ses définitions, & les traits horribles dont il caracterise trois Personnes que tout le Monde connoît & juge bien differemment, seroient une cause suffisante de leur accorder une réparation éclatante ; mais sa Demande est une chimere qu'on détruit par la force du droit ; c'est un déreglement d'imagination qui éclate à mesure que le sieur Bourdon Desplanches fait des efforts pour raisonner. Au surplus il ne faut point entreprendre de définir ce qui est indéfinissable. Il faut prouver que l'action à laquelle on deffend est inique dans son objet & inexcusable par la forme qu'on lui a donnée.

RE'FUTATION des Moyens du sieur Bourdon Desplanches.

Quoiqu'on lui ait indiqué & qu'il soit constant que son action ne peut être dirigée contre les sieurs Gigot, Genty & Mabille, attendu qu'ils n'ont consommé la réfiliation qu'en vertu de Pouvoirs exprès de la Compagnie, il n'en persévere pas moins à vouloir qu'ils puissent être poursuivis seuls & personnellement.

C'est, dit-il, les sieurs Gigot, Genty & Mabille qui ont signé l'Acte, donc l'Acte est leur fait propre ; en signant cette réfiliation ils ont constitué la Societé en perte de sept cent mille livres, donc ils doivent répondre à la Societé de cette perte, & à moi de la part que j'en supporte, parce qu'ils n'ont pas pû faire un Acte qui m'est si préjudiciable sans mon consentement. Ils ont trompé la Compagnie en supposant des ordres de réfilier qui sont non-seulement démentis par le Ministre dont ils ont osé emprunter le nom, mais ils ont été eux-mêmes forcés de se rétracter sur ces prétendus ordres qui ont néantmoins été le motif déterminant pour les Interessés déliberans, d'acquiescer à la réfiliation. Donc ils doivent supporter la peine de la surprise qu'ils ont faite à leurs Associés & de l'abus d'une autorité respectable qui ne leur avoit rien prescrit. Enfin ils ont agi en vertu d'un Pouvoir nul, parce qu'il n'est pas unanime, qu'il n'a pas été donné par les Associés, & que de même qu'une Societé ne peut se former que par le consentement réüni de tous ceux qui y prennent part, de même on ne peut y renoncer, & l'objet n'en peut être abandonné que par un consentement unanime. Consequemment ils sont responsables d'un fait executé en vertu d'un Pouvoir insuffisant, sauf leur recours contre ceux qui l'ont donné. Et ils sont obligés de réparer le dommage envers ceux à qui ils ont nui par cet Acte arbitraire & extorqué, en supposant faussement des ordres auxquels on ne devroit que du respect s'ils étoient réels, mais qui laissent la liberté d'agir, dès qu'il est constant qu'ils n'ont jamais existé.

Telle est la substance des Moyens du sieur Bourdon Desplanches : on voit par cet exposé combien il a dû se mettre à la gêne pour rassembler tant de prétextes à colorer l'humeur apre qui l'attache à poursuivre les sieurs Gigot, Genty & Mabille seuls & séparément. Il affecte en vain de se couvrir sur cette poursuite de l'ombre du droit. Le droit ne prête ici aucun secours utile, c'est la personnalité seule qui fait tous les frais de cette action bizarre.

Ainsi pour le combattre il s'agit de prouver : 1°. Que les sieurs Gigot, Genty & Mabille n'ayant traité & consommé l'Acte de résiliation qu'en vertu d'un Pouvoir spécial, ils n'en peuvent pas être tenus seuls & personnellement.

2°. Que le Pouvoir qui leur a été donné n'est point nul, ni même insuffisant, qu'en tout évenement il faudroit toûjours que l'action fut exercée contre les Déliberans & ceux qui ont signé la Procuration collectivement.

3°. Qu'indépendamment des Moyens qui doivent l'exclure de sa poursuite contre les sieurs Gigot, Genty & Mabille, il est mal fondé dans sa prétention même ; parce que la résiliation étoit devenuë indispensable, & le seul remede pour prévenir un désastre plus grand.

4°. Enfin qu'il y est non-recevable.

PREMIERE PROPOSITION.

Les Sieurs Genty, Gigot & Mabille ne peuvent pas être tenus seuls & personnellement du Fait de la Résiliation du Bail de l'Equivalent.

Il est inoui qu'un Mandataire puisse être actionné par un Tiers, à raison du Fait qu'il a exécuté en vertu d'un Mandement spécial. Le Droit qui définit les actions ausquelles un Fondé de Procuration peut être sujet, n'a point indiqué celle-là, quoiqu'il le soumette aux recherches & aux poursuites de celui dont il a geré les Affaires, relativement à la façon dont il s'est acquitté des Pouvoirs qui lui avoient été confiés. La raison de ceci est simple, c'est qu'il se forme entre le Mandataire & celui qui lui donne une Procuration, un Engagement mutuel par lequel le Mandataire contracte l'Obligation de faire le bien de l'autre & de ne lui point nuire.

Les Sieurs Gigot, Genty & Mabille Mandataires de leur Compagnie, ne pourroient donc être assujettis à répondre qu'à elle-même de ce qu'ils ont fait, & le Sieur Bourdon Desplanches de son côté n'auroit droit de leur en demander compte, qu'en concours avec elle & autant qu'elle auroit elle-même intenté cette Action ; mais il se divise, & se plaçant en tiers entre la Compagnie par qui le Pouvoir a été donné, & les Sieurs Gigot, Genty & Mabille qui l'ont exécuté, il prétend qu'il peut poursuivre ces derniers séparément sans attention pour leur Titre. Cette prétention est insoutenable.

Un Mandataire en exécutant ses Pouvoirs tels qu'ils lui ont été donnés, ne s'engage point envers un Tiers à raison du Fait qu'il a exécuté, quand bien même les Conventions & les Traités qu'il passe seroient préjudiciables à autrui, parce qu'il ne contracte & ne fait rien pour lui-même, il n'est
que

que le Repréfentant de celui à qui le Traité ou la Convention font perfonnels ; le Fait qu'il confomme par repréfentation étant énoncé & con-
figné dans le Pouvoir qui lui a été donné, eft le Fait propre & perfonnel
de celui même qui a donné ce Pouvoir : or perfonne ne peut être tenu
que de fon Fait propre, certainement perfonne ne l'eft du Fait d'autrui ;
cette vérité confacrée par le Droit naturel & par le Droit Civil, doit
être pour toujours l'appui & la protection des Sieurs Gigot, Genty &
Mabille contre l'Action injufte du Sieur Bourdon Defplanches ; en effet
celui qui contracte par le miniftere ou l'office d'une Perfonne interpofée,
contracte réellement lui-même, la Convention ou le Fait qui font ainfi
ftipulés & exécutés, lui font uniquement perfonnels, & conféquemment
les événemens qui peuvent en réfulter, les Actions qui en peuvent naître,
ne doivent regarder que lui-feul, fans que le Fondé de Procuration par qui
il a été repréfenté en puiffe être jamais tenu, parce que dans l'inftant
même qu'il contracte fous ce Pouvoir, il eft entierement neutre pour la Convention, & à l'égard de l'autre Partie avec qui il traite.

L'efpece où nous nous trouvons exige peut-être une diftinction relativement
aux circonftances où le Mandataire eft intereffé lui-même dans le Traité
qu'il paffe, & où en confequence il ftipule tant en fon nom que comme
fondé du Pouvoir d'un autre ; c'eft bien de cette façon que les fieurs Gigot, Genty & Mabille ont paru au Traité paffé pour réfilier le Bail de
l'Equivalent, mais cette efpece particuliere ne produit point de confé-
quence plus favorable au fyftême du Sieur Bourdon Defplanches.

Un Mandataire dans ce cas peut bien être actionné par la Partie avec
qui il traite, parce que réellement il a contracté en même tems & pour
lui-même, une Obligation perfonnelle qu'il doit exécuter. Cependant cette
Action ne peut pas être dirigée par la voye folidaire, à moins que la folidité ne foit exprimée au Traité ; par la même raifon un Tiers qui
prétend que cet Acte lui porte préjudice, ne peut pas actionner en particulier, & par le moyen de la folidité le Mandataire qui a ftipulé en fon
nom, & comme fondé de Pouvoir, parce que le Fait ne lui eft perfonnel
que proportionnément à l'interêt qu'il a dans la chofe ; pour le furplus il
n'eft que l'organe de la volonté d'autrui, & il rentre à cet égard dans l'efpece des Mandataires ordinaires.

Prétendre malgré ces Verités que les Sieurs Gigot, Genty & Mabille
peuvent être pourfuivis feuls, par cette raifon unique que ce font eux qui
ont figné l'Acte de la Réfiliation, c'eft confondre les notions les plus
fûres, & ce que les Régles ont le plus expreffément féparé. En s'acquittant
des Pouvoirs de tous les Déliberans, les Sieurs Gigot, Genty & Mabille
n'ont pas fait ni pû faire leur Fait propre de cette Réfiliation, ils n'ont
rien pris fur eux & ne fe font point compromis plus que chacun de ceux
au nom defquels ils ont traité & ftipulé ; en un mot le Traité de Réfiliation foufcrit par eux-feuls en leurs noms & comme fondés de Pouvoir
de leurs Affociés, ne peut pas produire contre eux plus d'effet que s'il
avoit été figné de tous ceux qui leur avoient remis leurs Pouvoirs
à cet effet.

S'il avoit été paffé dans cette forme, feroit-il poffible de diftraire les
Sieurs Gigot, Genty & Mabille du nombre de tous les Contractans,
& de diriger contre eux feuls une Action folidaire ? non fans doute, on
peut l'affirmer nonobftant l'autorité de Domat dont le Sieur Bourdon

D

Defplanches fe prévaut. Cet Auteur dit bien dans fon Préambule du Tit. 3. Liv. 3. où il traite de la Solidité, que chacun de ceux qui ont caufé quelque dommage eft tenu feul de le réparer. Mais il n'a avancé ce Principe que pour une efpece éloignée de celle-ci.

„ Si plufieurs Perfonnes, dit-il, ont commis quelque crime, quelque „ délit ou caufé du dommage par quelque faute qui leur foit commune, „ en ce cas, comme c'eft le fait de chacun, ils font tous tellement obligés „ de le réparer, que chacun d'eux en eft tenu feul.

Cet avis n'eft fûrement pas fait pour l'efpece où nous fommes ; la Réfiliation n'emporte ni crime ni délit : il étoit bien permis fans doute à un Corps d'Affociés de traiter ainfi fur fes propres interêts. Veut-on dire que c'eft une faute qui a occafionné du dommage, alors c'eft mettre en fait, ce qui ne peut être au plus qu'en queftion : il faudroit qu'il fut jugé que la Réfiliation eft un Fait dommageable à la Société, & que les Déliberans fuffent condamnés folidairement à indemnifer ceux qui n'y ont point participé ; il faut donc revenir au Principe adopté par ce même Domat, que la folidité n'eft point de Droit, & qu'elle n'eft acquife que lorfqu'elle eft ftipulée ou prononcée.

Ainfi le Sieur Bourdon Defplanches fait par un renverfement étrange, marcher dans fon Action l'Effet avant le Principe. Tous les Intereffés dénommés dans la Tranfaction du 10. Novembre 1757. font unis inféparablement pour le Fait qui s'y trouve exécuté, il eft commun à tous, puifqu'il n'a pû être confommé que par le Concours, & qu'aucun d'eux n'auroit pû l'effectuer féparément ; il falloit donc qu'il dirigeât fon Action contre la Compagnie, & ce n'eft qu'après avoir obtenu une Condamnation folidaire, qu'il pourroit diriger fa pourfuite à fon gré contre ceux fur qui il jugeroit à propos de la faire tomber.

On reconnoît la force de cette vérité dans la Défenfe même du Sieur Bourdon Defplanches, à travers les efforts qu'il fait pour l'affoiblir ; il a bien, dit-il, le Droit de pourfuivre les Déliberans, il fe le réferve même expreffément, mais il prétend avoir contre les Sieurs Gigot, Genty & Mabille une Action directe, principale & indépendante de l'autre.

Il eft clair que le Sieur Bourdon Defplanches divife ici en deux Actions ce qui ne peut & ne doit abfolument en former qu'une.

En fecond lieu, combien veut-il donc de Procès pour un même Objet, s'il médite déja d'en faire renaître un nouveau, après que celui-ci fera jugé ? ou bien il fent donc déja le pouvoir de la Fin de non-recevoir qu'on lui oppofe.

Enfin d'où peut naître en fa faveur cette Action directe, principale & indépendante contre les Sieurs Gigot, Genty & Mabille feuls ? c'eft ici que l'humeur, la perfonnalité, une fauffeté odieufe développent ce qu'elles ont de plus âpre, pour fournir les prétextes d'une Action inique.

On impute aux Sieurs Gigot, Genty & Mabille, d'être les Auteurs de la Réfiliation ; & comment peuvent-ils l'être ? L'ont-ils faite de leur chef, n'ont-ils pas figné l'Acte comme Mandataires de leurs Affociés ? Qu'on écarte donc la Délibération & la Procuration, autrement ces deux Actes les couvriront toujours d'une ombre favorable, & ils ne pourront être vûs que comme Exécuteurs du vœu commun. Ils avoient, dit-on, ufurpé un defpotifme imperieux fur leurs autres Affociés, on fait entendre qu'ils ont toujours voulu faire prévaloir leurs préjugés & leurs caprices, & gêné fans ceffe les Avis au point que prefque toujours ils rédigeoient d'avance les Délibérations fur les Regiftres & les prefentoient enfuite avec hauteur aux Intereffés affemblés, qui étoient prefque toûjours contraints de les figner aveuglement.

Que fignifient de femblables propos avancés fans aucune preuve ? Quand ils auroient cette réalité qui leur manque très-certainement, feroit-il moins vrai pour cela, que la Réfiliation a été réfolue par une Délibération, & que les fieurs Gigot, Genty & Mabille n'y ont foufcrit qu'en vertu d'un Pouvoir très-fpécial ; confequemment que ce n'eft point leur Fait, & qu'ils ne peuvent point être refponfables du Pouvoir qui leur a été donné, & dont ils ne font que les Exécuteurs ? *

Au furplus les Sieurs Gigot, Genty & Mabille plus inftruits que beaucoup des autres Affociés dans la fcience de regir des Fermes, avoient été nommés par la Compagnie pour compofer les Comités ; mais quel ufage ont-ils fait de cette confiance ? on défie de prouver qu'ils ayent jamais rien arrêté ou ordonné par eux-mêmes fans en avoir inftruit la Compagnie dans fes Affemblées, qu'ils ayent negligé de rendre compte de quelques événemens que ce fût, de propofer toujours les Objets, & de faire regler par des Délibérations ce qu'il convenoit d'arrêter ou d'ordonner.

Quand ils auroient infcrit d'avance des Déliberations formées relativement à la connoiffance qu'ils avoient acquife par le travail continuel qu'ils avoient confacré à la conduite de l'Affaire, qu'eft-ce que ce Fait auroit de confequent, dès que ces Déliberations ainfi préparées par des Affociez intereffez pour eux-mêmes à faire une bonne Regie, étoient enfuite propofées & foumifes au Jugement de la Compagnie, & qu'elles font ratifiées par les fignatures des Intereffez ? Chacun avoit fans doute le Droit de Suffrage ou de Reprefentation, & fingulierement celui de refufer fa Signature.

Ne donne-t-il pas lui-même la preuve de cette verité & de cette liberté, dans le trait qu'il rapporte à l'occafion de la Déliberation du 29. Octobre 1756 ? Plus il fait parade dans ce Récit, de fa réfiftance à figner & de fes Demandes afin d'être inftruit de l'état des chofes, plus il prouve contre lui-même, que les Sieurs Gigot, Genty & Mabille n'arrachoient point imperieufement des Signatures, que chacun avoit la liberté des Objections, celle de demander des éclairciffemens, ** & qu'enfin la rédaction faite d'avance des Déliberations, ne tiroit point à confequence. Mais voici une legende de Faits infiniment plus graves.

On charge les Sieurs Gigot, Genty & Mabille de la façon la plus odieufe d'avoir fait réfoudre la Réfiliation en trompant leurs Affociez par des fuppofitions d'Ordres qui n'ont jamais exifté, qui fe trouvent démentis

* Le Sieur Bourdon foûtient fon fyftême par la comparaifon de quelqu'un qui mettroit le feu à une Maifon fur l'ordre d'un autre. En cela il a le malheur de ne pas comprendre l'impoffibilité d'établir un parallele entre un Crime & un Acte civil.

D'ailleurs, la Compagnie n'a point dit aux Sieurs Gigot, Genty & Mabille, emparez-vous du Bien du Sieur Bourdon, ou dépoüillez-l'en, & ils ne l'ont point fait ; elle les a chargé de réfilier un Bail qui étoit à elle, de s'en défifter en fon Nom, parce qu'il luy étoit très-défavantageux, fi elle a mal fait de délibérer cela, & de les charger de l'exécution, c'eft à elle qu'il faut en demander compte.

** Le Sieur Bourdon Defplanches, quelque affectation qu'il ait mife dans l'Expofé de ce Fait, n'a pas même pû faire entrevoir qu'il ait éprouvé quelque réfiftance fur fes Demandes, on ne differa de le fatisfaire qu'à caufe de la préfence du Notaire. La prudence ne permettoit pas de dévoiler l'état de l'Affaire aux yeux d'un Tiers. V. le Mémoire du Sieur Defplanches, Page 7.

par une Lettre du Miniftre même , & fur lefquels ils font forcez de fe retracter ; [on leur impute d'avoir trompé Sa Majefté , les Miniftres , les Intereffez. On accufe le Sieur Gigot en particulier d'avoir abufé le Sieur Bourdon Defplanches par l'efperance * d'une Décifion favorable, dans le tems qu'il follicitoit la Réfiliation du Bail ; on les accufe enfin d'avoir ravi à la Compagnie l'indemnité que les Etats de Languedoc *ont certainement*, dit-on, *accordée* aux Fermiers en réfiliant le Bail.

Toutes ces imputations ont un caractère d'autant plus affreux que le Sieur Bourdon Defplanches ne peut certainement pas être de bonne foi dans des reproches auffi outrageans. Son ignorance même des Faits ne le difculperoit pas de tant de licence, car s'il a pû rechercher des Inftructions fur quelques Faits qu'il a crû utiles à fa Caufe ** il ne fera jamais excufable de n'avoir pas recueilli tous les éclairciffemens qu'il auroit fûrement trouvez , foit dans les Bureaux du Miniftre , foit auprès de M. d'Ormeffon même , on ne craint point de nommer ce Magiftrat refpectable , dont le témoignage qu'il daignera ne point refufer , fera feul la juftification des Sieurs Gigot , Genty & Mabille.

Pour confondre le Sieur Defplanches il ne faut que fupplier de revoir les Faits tels qu'ils ont été expofez. On affirme avec cette confiance qu'infpire la verité , qu'ils font tous exacts , & on fe foumet à la recherche, fans craindre de voir paroître aucune Preuve ou aucun Fait contraire.

Analyfons cependant avec autant de précifion qu'il foit poffible, ce Recueil d'imputations puniffables.

En quoi le Sieur Bourdon Defplanches a-t-il été trompé , en quoi les Intereffez qui furent prefens à l'Affemblée du premier Octobre 1757. l'ont-ils été ?

Si le Sieur Gigot écrivit au mois de Septembre 1757; *qu'il attendoit une Décifion de jour en jour* , il n'écrivit que la verité. Il étoit depuis longtems attaché avec les Sieurs Genty & Mabille à folliciter le Miniftre pour qu'il voulut bien faire juftice à la Compagnie fur fes Reprefentations & fes Demandes ; les differentes Audiences accordées aux trois Affociez chargez de faire valoir les Droits & les interêts communs, & l'impreffion que leurs Remontrances paroiffoit avoir faite, autorifoient l'efperance d'une Décifion non-feulement prochaine , mais favorable.

Dans cet état , quelqu'un qui écrit qu'il attend une Décifion de jour en jour, *qu'il ne peut pas pénétrer encore ce qu'elle fera* , dit le vrai & parle fuivant la circonftance. Il montre qu'il n'eft inftruit de rien, qu'il ne prévoit point quel fera le fort commun, mais qu'il attend & qu'il efpere; fi c'eft là un langage trompeur, qu'on nous apprenne donc quelles expreffions il faut employer dans une pareille pofition.

Si l'on prétend que la Tromperie confifte en ce que le Sieur Gigot follicitoit dans ce tems-là même la Réfiliation du Bail , on répond avec affurance que le Fait eft faux, il imploroit avec les Sieurs Genty & Mabille la Protection du Miniftre & fa Juftice pour ftatuer fur les Demandes de la Compagnie , portées par fa Requête fur laquelle étoit in-

---

* La Letttre du Sieur Gigot du mois de Septembre 1757. que le Sieur Bourdon Defplanches a tranfcrite dans fon Mémoire.
** Il produit une Réponfe dont M. de Boulongne a bien voulu l'honorer , & une Lettre qu'il fait écrire par les Sieurs Chicaneau & Moulin.

tervenu

tervenu l'Arrêt de foit communiqué du premier Février 1757. où du moins on demandoit qu'en cas de Réfiliation , la Compagnie fut pleinement indemnifée : & veritablement la Demande de cette indemnité fut portée à 1600000. livres. C'est de cette forte qu'on follicitoit une Décifion, & il n'étoit pas poffible de prévoir qu'elle porteroit fur l'alternative de réfilier moyennant l'indemnité de neuf cent mille francs que Sa Majefté a bien voulu accorder , ou du renvoi à la Cour des Aydes de Montpellier fur toutes les Demandes & Prétentions.

Les Affociez qui ont arrêté la Déliberation , n'ont pas été plus trompez par l'expofé que les Sieurs Gigot , Genty & Mabille leur ont fait.

Il est certain , & la Lettre produite de M. de Boullongne ne dit rien de contraire , que le Miniftre réduifit fa Décifion à remettre au choix des Fermiers , ou de foufcrire à la Réfiliation , ou d'être renvoyez à la Cour des Aydes de Montpellier ; qu'il ordonna aux fieurs Gigot , Genty & Mabille d'affembler promptement leur Compagnie pour fe déterminer & l'engager à preffer les arrangemens & la paffation des Actes en cas que l'option fut pour réfilier.

Voilà ce dont on a rendu compte à l'Affemblée : ainfi elle ne fut point trompée , ni même lorfqu'on lui a dit que l'intention du Roi étoit que le Bail fut réfilié pour le premier Janvier 1758. & que M. d'Ormeffon avoit bien voulu à la follicitation du Miniftre , fe charger de concilier les difficultés qui pourroient fe prefenter.

Il est bien évident que l'intention du Roi étoit que le Bail fut réfilié. Pourquoi en effet Sa Majefté a-t-elle bien voulu prendre fur elle le payement d'une fomme de neuf cent mille livres à la décharge des Fermiers, c'est fans doute pour faciliter la Réfiliation & les foulager de leurs pertes. Donc la Réfiliation fut le feul Moyen que Sa Majefté voulut faire fervir à affoupir entierement toutes les difficultés fubfiftantes , puifqu'en ne l'acceptant pas les Parties perdoient pour toujours l'avantage d'avoir le Roi & fon Miniftre pour Arbitres de leur fort. Donc les Sieurs Gigot , Genty & Mabille n'ont point trompé leurs Affociez en parlant des Intentions du Roy , & des Ordres qu'ils avoient reçûs à ce fujet.

De plus , que voit-on dans la Lettre de M. de Boullongne qui puiffe faire préfumer un fait contraire à ceci ? on y lit , *que les Affociés n'ont point été forcés de foufcrire à la Réfiliation du Bail , que l'Affaire a été traitée dans le tems entr'eux & les Etats , & qu'il ne s'eft rien fait que de concert & par des raifons de convenance.*

Il est bien vrai que l'Autorité n'a point commandé la Réfiliation , on ne peut pas même attendre d'Ordres de cette nature fous un Gouvernement tel que le nôtre. Mais la Société a reçû de fon propre intérêt la Loi de s'y arrêter , d'après les Conditions de la Décifion prononcée par le Miniftre ; la crainte de la continuation d'un Bail funefte , & l'apprehenfion très-fondée de ne point obtenir Juftice du Tribunal devant qui il auroit fallu défendre fes Droits , n'ont point permis de partage dans les Avis. Voilà fans doute *ces raifons de convenance* dont il est queftion dans la Lettre de M. de Boullongne : en un mot il est très-fûr que la Réfiliation , telle qu'elle a été effectuée , n'avoit été ni projettée ni concertée avec les Syndic & Députés des Etats , & que c'eft la Décifion feule du Miniftre qui en a reglé les termes.

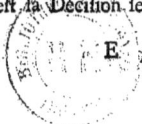

E

On peut voir encore dans ses Bureaux la Lettre du vingt-huit Octobre mil sept cent cinquante - sept que le Sieur Mabille prit la liberté de lui écrire, pour lui rendre compte de ce qui s'étoit passé à l'Assemblée de la veille, convoquée par ses Ordres. Il dit au Ministre que les Sieurs Gigot & Genty *avoient fait part à ceux de leurs Associés qui se sont rendus à la Convocation, du Résultat de ses intentions, que quoiqu'ils eussent prévû toutes les suites de leur Rapport, ils ne s'attendoient pas à la consternation de la Compagnie, lorsqu'on lui eût annoncé que la Décision dont ils rendirent compte étoit définitive.* Cette façon de s'exprimer vis-à-vis du Ministre, prouve bien que la Résiliation n'avoit point été concertée ni sollicitée ; un homme qui l'auroit ainsi negociée, n'auroit sûrement pas pris la liberté d'en parler au Ministre comme d'un Fait arrêté relativement à sa Décision.

Mais on fait encore un abus bien plus sinistre d'une autre expression de la Lettre de M. de Boullongne.

Parce qu'on y trouve, que *Sa Majesté a bien voulu elle-même contribuer au dédommagement & remboursement qui fut arrêté alors & qui a dû avoir lieu depuis ;* on en conclut que dès que Sa Majesté n'a fait que *contribuer* au dédommagement, il faut absolument reconnoître que les Etats ont accordé de leur chef, une somme convenable pour la parfaite indemnité de la Compagnie. On va même jusqu'à affirmer audacieusement une calomnie semblable & d'autant plus horrible que le sieur Bourdon Desplanches *se plaint,* dit-il en termes exprès, *de ce qu'il ne paroît point que ce dédommagement donné par les Etats, ait tourné au profit de la Compagnie.* On auroit bientôt répondu à ce propos témeraire en se renfermant simplement dans la Transaction du 10. Novembre 1757. qui est en effet à l'égard de la supposition d'une seconde indemnité, un Titre négatif au-delà duquel il n'est pas permis de rien présumer.

Mais l'énormité de l'imputation ne permet pas à des Personnes cruellement diffamées, & justement sensibles, de se réduire à une semblable Objection, quoiqu'elle soit très-solide ; ils vont plus loin, ils nient avec fermeté qu'il y ait eu une indemnité particuliere accordée par les Etats. Il faut que celui qui ose soutenir le Fait contraire le prouve, & il ne doit pas, si ce qu'il dit est vrai, être en peine de le constater; on lui en a même indiqué déja les Moyens ; recherchons cependant sur quels fondemens il produit cette méchanceté révoltante.

C'est 1°. Sur ce que, dit-il, les Sieurs Gigot, Genty & Mabille ont trompé leurs Associez en alléguant des Ordres du Roi & du Ministre de résilier le Bail : on a déja répondu à cet injurieux propos.

C'est encore sur ce qu'ils ont disposé pour des Dépenses secrettes, d'une somme de 12600. liv.

Il est faux d'abord que les sieurs Gigot, Genty & Mabille ayent pris dans la Caisse au-delà des 6600. liv. qu'ils ont été autorisez d'y lever par la Délibération du premier Octobre 1757, le sieur Bourdon Desplanches ne l'ignore pas, puisqu'il dit lui-même dans son Mémoire, que les autres six mille livres ont été touchées par le Sieur Faget de Villeneuve un des Interessés, & ceci est positif. C'est le sieur Faget de Villeneuve qui a touché 6300. & tant de livres pour un autre Objet qui n'a rien de commun avec celui-ci ; mais il y a plus, le sieur de Villeneuve a remplacé cette somme depuis à la Caisse, * ainsi il est odieux de la placer entre les mains des Sieurs Gigot, Genty & Mabille, pour aggraver les horreurs

* La preuve en est produite.

dont on s'eſt fait un plan de les charger dans le Mémoire du Sieur Bourdon.

Quant aux 6600. liv. qu'ils ont pris en effet & diſtribués ſuivant le vœu de la Compagnie, ils ne doivent point rendre compte de leur emploi, la Déliberation les en diſpenſe. Mais il eſt abſurde d'employer un Fait ſemblable, comme une preuve *préciſe & très-poſitive* d'une indemnité ſecrette de la part des Etats.

On a fait ſur cela une Objection qui prouve ſans replique la fauſſeté & la noirceur du raiſonnement du ſieur Bourdon.

Si cette ſomme de 6600. livres deſtinée par la Compagnie elle-même à des Dépenſes ſecrettes, avoit été conſacrée à acquerir un ſupplément de dédommagement, il faudroit de toute néceſſité que la Compagnie ou tout au moins ceux des Aſſociés qui ont concouru à la Déliberation, euſſent été inſtruits de cette indemnité particuliere. Il ne ſera jamais croyable en effet qu'ils euſſent aſſigné un fond particulier, ſans en connoître la deſtination & qu'en conſequence ils n'euſſent pas exigé d'en partager le fruit : or il diſculpe lui-même les Aſſociez Déliberans de cette participation ; *il eſt plus que vraiſemblable*, dit-il, *qu'ils n'ont pas eu part à ce dédommagement* ; cette inconſequence montre une méchanceté bien imbécile ; car encore un coup l'indemnité des Etats n'auroit jamais pû être ſecrette pour la Compagnie, il faut donc ſuppoſer qu'elle avoit réſolu d'en exclure le ſieur Bourdon Deſplanches ſeul, ce qui eſt auſſi abſurde, que de ſuppoſer que les Sieurs Gigot, Genty & Mabille ſe la ſeroient appropriés en particulier.

D'un autre côté cette même indemnité ne pouvoit pas encore être un myſtere pour le Miniſtre & les Etats. S'ils l'avoient accordée, ils auroient eû l'intention qu'elle fut exprimée dans la Tranſaction ; il faut donc encore ſuppoſer que le ſilence obſervé à ce ſujet dans cet Acte ſeroit l'effet de leur complaiſance pour les Sieurs Gigot, Genty & Mabille ; mais cette idée eſt ſi impoſſible à concevoir que le ſieur Bourdon Deſplanches s'en éloigne encore lui-même, & cependant il ſoutient affirmativement que les Etats ont fourni une indemnité de leur part : or qu'il réponde ! N'eſt-il pas plus clair que le jour qu'il faudroit en ce cas que les Sieurs Gigot, Genty & Mabille euſſent réuſſi à faire adopter leurs vûes par les Etats, pour empêcher que cette ſeconde indemnité ne fut auſſi éclatante que celle accordée par le Roi ? mais par quel preſtige y ſeroient-ils parvenus ? Quels motifs propoſer pour faire obſerver ſur cela le myſtere, puiſque ni Sa Majeſté, ni le Miniſtre, ni les Etats, ni la Compagnie des Sieurs Gigot, Genty & Mabille, ni Perſonne enfin n'étoient intereſſez à enſevelir une ſemblable condition ?

Quand par des raiſons particulieres, on ſe ſeroit prêté à ſuivre les idées des Agens de la Compagnie, l'indemnité des Etats ne pourroit pas être ſi ſecrette, qu'on n'en pût facilement acquerir la preuve chez le Tréſorier de la Province par qui elle auroit été payée.

Le ſieur Bourdon Deſplanches qui a obtenu des bontés de M. de Boullongne une Réponſe dont il fait un abus criminel par les interprétations capricieuſes qu'il lui donne, n'avoit-il pas encore la même reſſource pour obtenir une nouvelle explication plus préciſe ſur un Fait auſſi important ? ne pouvoit-il pas ſupplier M. l'Archevêque de Narbonne ou les Députez des Etats qui ont confommé la Tranfaction, de fixer fes foupçons fur cet objet, par la connoiffance qu'ils ont de ce qui s'eft paffé ? des Perfonnes auffi illuftres ne voudroient fûrement pas proteger la fraude, toutes fe feroient fait un plaifir d'aider quelqu'un qui auroit été auffi évidemment trompé, à démafquer ceux qui s'en feroient rendus coupables ; c'étoit un Acte de Juftice flatteur pour elles & convenable à l'élevation de leurs fentimens.

Mais quoi ; fans avoir épuifé ces Moyens, fans avoir recherché des Preuves auffi faciles à acquerir, un Homme a la temerité d'accufer publiquement trois Perfonnes honnêtes, de crimes auffi honteux que ceux de la fraude & du larcin, d'avoir trompé Sa Majefté, fes Miniftres, les Députés des Etats & les Affociez ! & quels font les appuis d'une accufation fi horrible ? des préfomptions qu'on ofe transformer en preuves, à qui on a la temerité d'en attribuer le mérite & la folidité ; on vient pourtant de voir ce que font ces préfomptions prétendues ; eft-il maintenant un efprit jufte qui veuille penfer qu'elles puiffent naître des fources d'où on les fait proceder ?

Que peut operer en effet la Lettre du fieur Gigot au fieur Bourdon Defplanches ? n'eft-elle pas relative à l'état de perplexité & d'efperance où étoit la Compagnie dans ce moment-là ? que dit auffi la Lettre de M. de Boullongne ? dit-elle que la décifion attendue de jour en jour ne fut pas telle que les Sieurs Gigot, Genty & Mabille annoncée à leur Compagnie, & telle qu'on vient de l'expofer ? dit-elle que les Sieurs Gigot, Genty & Mabille ne reçurent pas l'ordre d'affembler leur Compagnie pour lui en rendre compte ? dit-elle enfin que la Réfiliation ait été conclue moyennant d'autres conditions que celles qui font infcrites dans la Tranfaction, & que les Sieurs Gigot, Genty & Mabille ayent reçû un fupplément d'indemnité de la part des Etats ?

Elle dit, fi l'on veut, que Sa Majefté voulut bien contribuer au dédommagement ; mais fans approfondir l'intention de M. de Boullongne en s'exprimant ainfi, on ofe aller jufqu'à invoquer fon propre témoignage, & on foutient fans craindre de défaveu de fa part ni de qui que ce foit, qu'il n'y a jamais eu d'autre indemnité.

Ce que les fieurs Gigot, Genty & Mabille fçavent, c'eft que les Etats ont penfé faire un affez grand facrifice, en confentant que le Bail fous le nom de Pierre Saint fut réfilié, & en fe déterminant à en paffer un nouveau à un prix moins confiderable que celui qu'ils vouloient bien annuller ; voilà exactement toute la grace qu'ils ont entendu faire au Fermier ; que conclure enfin des 6600. liv. que les Sieurs Gigot, Genty & Mabille ont pris dans la Caiffe du confentement de la Compagnie, à moins que d'admettre en même tems qu'elle a retiré le produit de cette diftribution ; car comme il eft impoffible de douter qu'elle n'en ait fçû l'application, il eft impoffible auffi de fuppofer qu'elle ait obmis d'en exiger le rapport ; & quand on voit le fieur Bourdon Defplanches fe refufer lui-même à l'idée de ce partage, ne faut-il pas reconnoître que fon fyftême pour pourfuivre les Sieurs Gigot, Genty & Mabille feuls, n'eft qu'un tiffu d'abfurdités, d'inconfequence & de mechanceté, & qu'il ne fubfifte pas un de fes prétextes qu'on ne détruife par des raifonnemens & des objections fans replique.

SECOND

SECOND MOYEN.

*La Procuration en vertu de laquelle les sieurs Gigot , Genty & Mabille
ont traité n'est point nulle.*

C'est encore un des motifs du sieur Bourdon pour diriger son Action
contre les sieurs Gigot , Genty & Mabille , que de prétendre qu'ils ont agi
en vertu d'une Procuration nulle.

Cette expression ne s'entend point. La Compagnie avoit bien sans doute
le droit d'accepter la Résiliation d'une Ferme , dont elle avoit eu le droit
de se rendre Adjudicataire : chacun des Interessez pouvoit bien sûrement
se départir d'un objet où sa fortune étoit si fortement compromise : si
ces Faits-là sont indubitables , comment est-il possible que la Procuration
qu'ils ont donnée pour effectuer cette Résolution si interessante soit nulle ?

Il seroit tout-au-plus question de sçavoir si elle devoit être signée par
tous les Associés sans exception ; c'est bien le système du sieur Bourdon
Desplanches , & il se croit sur cela fondé par beaucoup d'Autorités prises
dans les Loix sur le fait des Sociétés. Il dit que pour aliener le Fond
d'une Société , il faut un Consentement unanime , parce que Personne ne
peut disposer du Bien d'Autruy sans sa volonté , que les Contrats ne peuvent se dissoudre , que de la même maniere qu'ils ont été formés , c'est-à-
dire , par un Consentement mutuel , ou par l'autorité d'un Juge compé-
tent, en cas que la résolution de ceux qui veulent continuer la Société soit
mal fondée.

Ces Principes généraux ne sont pas applicables à toutes les especes. *
En leur supposant toute la force & toute l'autorité possible , ils ne con-
duiroient jamais à faire décider que les Sieurs Gigot , Genty & Mabille
puissent être tenus seuls par la voye solidaire du deffaut d'unanimité de
la Déliberation & de la Procuration : & on revient naturellement sur cela
à ce Principe vray , qu'icy c'est le fait de tous , & qu'il seroit indispensable de faire juger contre tous ceux qui ont déliberé & donné le Pouvoir ,
s'ils étoient ou non en Droit de décider & de consommer la Résiliation ,
sans l'accession unanime de tous les autres.

On ne doit point douter de cette faculté , & que le nombre des Délibérans qui ont souscrit à la Procuration n'ait été suffisant pour former le
Vœu de la Compagnie , comme s'il étoit général & unanime. C'est l'effet
naturel de la Loi , que les Associés se sont imposée en contractant leur
Société.

L'Article 18. de l'Acte passé à cet effet , régle suivant la nature des
objets , le nombre des Déliberans qui devront concourir pour former une
Décision suffisante , & l'on y voit que les choses les plus essentielles devoient être décidées *par l'Avis de douze Associés , sans quoy* , suivant cet
Article , *les Délibérations ne seroient point valables.*

---

* Il en est un indubitable , adopté par les Loix , c'est que des Associés peuvent renoncer à la
Société , quand ils ne le font point à contre-tems. Ici le détail des Faits démontre que la Résiliation n'eût que trop de motifs.

D'ailleurs il ne faut pas confondre les Sociétés ordinaires avec celles qui sont contractées relativement à un objet qui dépend d'un tiers , tel qu'une Ferme , parce que les Droits des Interessés
entr'eux , sont assujettis au Droit du Proprietaire , & en ce cas il faut se gouverner par d'autres
Principes.

F

L'Article 28. regle encore *qu'il fera pourvû par Délibérations particu-*
lieres fignées au moins de douze des Affociez à tout ce qui n'a point été prévû
par l'Acte de Société.

Enfin par l'Article 13. il eft dit *qu'aucun des Affociés ne pourra fe mêler*
directement ni indirectement de tout ce qui regarde la Ferme que concurrem-
ment avec les autres Affociés , à moins qu'il ne foit fondé de Procuration vifée
de la Compagnie , ou Porteur de Pouvoir figné en nombre fuffifant.

Telle eft la Loi à laquelle les Affociés fe font foûmis , & la Condition
fous laquelle ils fe font unis. Ainfi quels que foient les objets dont il ait
pû être queftion , ils doivent être regardés comme valablement décidés ,
& comme obligatoires pour toute la Compagnie , dès qu'ils ont été arrêtés
par une Délibération fignée du nombre d'Affociés déterminé par cette Loi
particuliere , qui eft commune à tous ; & ce qui a été fait par un ou plufieurs Affociés Porteurs de Pouvoir *figné en nombre fuffifant* , fuivant ce qui
eft réglé par les Articles 18. & 28. doit être regardé comme le fait unanime de la Compagnie.

Or la néceffité de réfilier eft conftamment un de ces cas fur lefquels il
n'étoit pas poffible de porter la prévoyance , ainfi dès que l'on voit treize
fignatures à la Délibération , & dix-fept à la Procuration , il eft impoffible
de dire que les Sieurs Gigot, Genty & Mabille ont tranfigé en vertu
d'un Pouvoir nul: l'Acte de Société détruit cette allégation , & c'eft par
lui qu'il eft néceffaire de juger.

En effet, les Sociétés pour les Affaires de Finance, compofées ordinairement d'un grand nombre de Perfonnes, ne peuvent pas être conduites
par les mêmes Régles, que les Sociétés de Commerce. Il feroit toûjours
funefte que les objets à réfoudre fuffent fufpendus par l'abfence ou l'opi-
niâtreté de quelques Intereffés. C'eft pourquoi ils forment par leur Acte
de Société des Régles qui font leurs feules Loix , afin que l'activité des
Opérations ne dépende point du caprice ou des circonftances , ainfi l'u-
nanimité n'eft jamais exigée dans les réfolutions qui fe forment , & l'on
fent même qu'il feroit fouvent bien impoffible de l'attendre.

Le fieur Bourdon Defplanches propofe donc des Moyens contraires à
fa propre Convention , lorfqu'il dit que la réfiliation devoit être confentie
par tous les Affociés en général , ou qu'il falloit au moins affigner ceux
qui auroient refufé d'y confentir. Indépendamment de l'inutilité de cette
conduite , étoit-elle praticable ici ?

M. le Contrôlleur Général en annonçant fa Décifion , ordonne d'affembler fans délai la Société pour qu'elle prit un parti , enjoint à fes Députés
de faire preffer les Actes néceffaires en cas qu'elle fe détermina à réfilier. Le
moyen le plus prompt d'obéïr fut de convoquer les Intereffés dans la
forme ordinaire , par des Billets , & d'annoncer les Ordres reçûs de s'affembler , afin de rendre la Convocation plus preffante.

Ceux qui fe trouvent à Paris ayant délibéré unanimement qu'il étoit
plus convenable aux intérêts communs de faire ceffer enfin un Bail funefte
en le réfiliant , il ne devoit plus être queftion d'affigner les Abfents dès
que les Délibérans étoient au plus grand nombre que ce qui eft prefcrit
par l'Article 28. pour décider valablement *de tout ce qui n'avoit pas été prévû*
par l'Acte de Société.

Non-feulement la Loy commune des Affociés valide cet Arrêté , mais
de plus, il feroit injufte d'affûjettir une Compagnie attentive au Bien

23

·commun à de pareilles Procedures, qui cauferoient le défaftre générale. On ne veut qu'un exemple pour en faire fentir le danger.

Le fieur Bourdon lui-même qui établit cette prétenduë néceffité, étoit à Strafbourg depuis longtems, il auroit donc fallu lui écrire d'abord pour fçavoir fon Avis fur cet arrangement, & l'affigner enfuite s'il refufoit d'y acceder.

Mais alors le projet de réfiliation s'évanoüiffoit néceffairement. Ainfi il auroit fallu entreprendre un autre Procès contre les Etats mêmes à la Cour des Aydes de Montpellier : payer cependant par provifion feize cent mille livres dûs pour cinq Quartiers échûs du prix du Bail, foûtenir encore pendant trois ans l'exploitation d'une Ferme accablante, & perdre enfin les neuf cent mille livres que Sa Majefté a accordé pour le dédommagement des Fermiers.

Tel eft l'état affeux dans lequel la prétention chimerique du fieur Bourdon Defplanches auroit plongé la Société; qui eft-ce maintenant qui voudra penfer, qu'un Corps d'Affociés foit tenu de fubir une Loi fi dure par la fantaifie d'un feul qui ne voudroit pas fe réünir au vœu commun ?

Mais pour fe former encore une idée jufte de ce fyftême, il eft important de jetter les yeux fur la pofition de celui qui entreprend de le foûtenir. C'eft le Sieur Bourdon Defplanches, qui n'étant point engagé par le Cautionnement du Fermier, n'avoit point à redouter les Pourfuites des Etats. C'eft le Sieur Bourdon Defplanches, qui tranquille à Strafbourg auroit vû du fond de cet azile les Contraintes les plus rigoureufes tomber fur fes Affociés réfidens à Paris, fans que l'orage s'étendiffent jufqu'à lui. Un Intereffé dans une pareille fécurité a-t-il Droit de cenfurer une réfolution fage, prife par fa Compagnie dans une circonftance extrême, & prétendre qu'on devoit l'actionner pour avoir fon fuffrage ?

Une Objection fimple qu'on luy a déja faite, * auroit dû lui fermer la bouche pour toûjours; par l'Article 19. de l'Acte de Société, il eft porté expreffément que *tous les Affociés fuivroient conjointement la Régie de la Ferme pour y donner les foins convenables.* Après avoir contracté cet Engagement il ne lui étoit pas loifible de s'en difpenfer, ni d'abandonner cet objet important pour fe charger d'autres Affaires; s'il l'a fait, il faut qu'il ait reconnu le pouvoir des Régles établies dans l'Acte de Société pour la validité des Déliberations, confequemment il s'eft foumis encore par ce Fait-là même à fubir le fort des Décifions qui feroient arrêtées pendant fon abfence par le nombre de Déliberans que cet Acte exige.

Par conféquent la Déliberation & la Procuration ne peuvent pas être nulles ni même infuffifantes à fon égard, dès qu'elles font revêtuës d'un plus grand nombre de fignatures que celui qui eft fixé par l'Article 28. de l'Acte de Société; s'il vouloit réfléchir à ce qu'il peut & à ce qu'il ne peut pas, & qu'il eût fait attention à l'Article 17. de cet Acte, il y auroit vû » que » toutes les Claufes & Conditions qui font ftipulées dans l'Acte feront exe- » cutées à la rigueur fans qu'aucunes puiffent être réputées comminatoires, » attendu qu'elles ont été unanimement convenuës & arrêtées ; que fans » elles la Société n'auroit pas été contractée. On ne peut rien de plus formel, de plus obligatoire. Ainfi quelqu'un qui a foufcrit à de pareils Engagements peut-il fe flatter d'être écouté en foûtenant les Objections du Sieur BourdonDefplanches? L'Article 28. y mettra toûjours un obftacle puiffant; il

* Par la Requête du 22. Janvier 1762.

eft exprès pour tout ce qui n'a pas été prévû, par-là il s'étend à tous les cas poffibles, & il n'a pas moins été exprimé pour remedier aux Faits des abfences qu'aux inconveniens de la bifarrerie ou de l'humeur.

Mais les reproches du fieur Bourdon fur la prétenduë nullité de la Procuration fé détruifent encore par fon propre Fait. Dans la Déliberation du 29. Octobre 1756. à laquelle il étoit prefent & qu'il a fignée, il fut déja queftion de requerir la Réfiliation du Bail, & confequemment de la confentir. Or cette Déliberation n'eft fignée que de dix-fept Affociez, de même que la Procuration donnée aux Sieurs Gigot, Genty & Mabille ; fi le Sieur Bourdon Defplanches l'a néanmoins fignée dans cet état, que veut-il que l'on penfe aujourd'huy de fon Moyen ? il ne doutoit pas fans doute alors que l'Article 28. de l'Acte de Societé ne fut un Titre bien fuffifant pour valider cette Déliberation, & que la Réfiliation ne pût être très-valablement executée en confequence, fi les Etats avoient accepté les Conditions fous lefquelles elle devoit être requife. Il rend un compte fi avantageux pour lui, du ton qu'il prit dans l'Affemblée & de l'importance de fes remarques lorfqu'il fut invité de figner cette Déliberation ! cependant on ne voit point que fes lumieres profondes l'ayent porté à faire obferver que le Pouvoir pour réfilier & la Réfiliation qui pourroit s'enfuivre ne feroient point valables, à moins que tous les Affociez fans exception ny accedaffent, ou qu'ils ne fuffent fommez de le faire. Comment donc eft-il poffible qu'un fecond Acte de la même nature, fait pour le même objet & dans la même forme, fut moins valable que le premier ? c'eft au fieur Bourdon Defplanches qui a concouru à l'un & qui blâme l'autre, à donner le nœud de cette Enigme.

TROISIÉME PROPOSITION.

La Réfiliation étoit devenuë indifpenfable.

C'eft pour épuifer tous les Moyens qui s'élevent contre la prétention du Sieur Bourdon Defplanches, qu'après avoir prouvé combien fa Pourfuite eft irreguliere, relativement aux Perfonnes qu'il actionne, on fe propofe de faire connoître maintenant qu'il eft mal fondé dans fon objet.

Non-feulement la Réfiliation a été réfoluë dans une forme fuffifante, mais elle étoit devenuë par les circonftances, le feul remede qu'on pût employer pour terminer les malheurs de cette Entreprife.

Le fieur Bourdon Defplanches convient des difficultés de toute nature que les Fermiers éprouverent dans l'établiffement de leur Régie, & des Pertes qui en refulterent, de forte que dès la feconde année du Bail, ils furent réduits à l'extrêmité d'en follicited la Réfiliation, & à l'impuiffance d'acquitter ce qu'ils en devoient.

Il ne faut que fe fixer à ce Fait, pour concevoir que le progrès du tems n'a fait qu'ajoûter aux malheurs déja reffentis, & qu'à la fin de la troifiéme année, la néceffité à laquelle on avoit voulu ceder précedemment, devoit être encore plus preffante, parce que les mêmes caufes de pertes fubfiftans toûjours, & les Etats perfiftans dans le refus de proteger leurs Fermiers, d'écouter leurs Remontrances, il ne reftoit plus, pour éviter l'abîme où on feroit tombé en continuant le Bail, que d'accepter la Réfiliation de quelque façon même que ce fut.   Pour

- Pour s'en plaindre avec l'aigreur du fieur Bourdon Defplanches, il faudroit fuppofer d'abord que c'eft la Réfiliation qui a occafionné la perte des fept cent mille livres, & qu'on auroit pû la réparer en continuant le Bail ; mais cette Perte étoit déja trop malheureufement conftante ; & pour la réparer il auroit fallu réüffir à furmonter tous les obftacles qui l'avoient produite, déterminer les Etats à proteger les Fermiers, à leur accorder juftice pour leur Régie fuivante, & des Indemnités pour les Pertes paffées.

Voilà le but qu'il falloit atteindre. Si les Sieurs Gigot, Genty & Mabille n'ont fait pour y parvenir, que des Sollicitations inutiles, ils en partagent le malheur, mais ils n'ont pas moins confacré tous les foins que leur propre interêt & celuy de répondre au choix de la Compagnie exigeoit d'eux.

Le fieur Bourdon Defplanches dans fa fécondité voit un remede bien plus fimple, & tout préparé dans l'Arrêt du Confeil du 7. Février 1757. il falloit, dit-il, le faire fignifier, fuivre l'Inftance qu'il introduifoit, & on auroit obtenu juftice du Confeil, puifque les motifs des Fermiers *étoient juftes*, & cependant perfifter dans les proteftations faites aux Etats de régir pour leur Compte, & dans le refus de payer les Quartiers du Bail. Tels font fes expediens ; à en juger par l'expofé on peut voir que l'invention n'en eft point pénible : mais que ce langage leger eft facile à quelqu'un qui s'étoit dégagé du foin de conduire l'Affaire & d'en fuivre les opérations, que de plus il dénote bien un Homme dans la fécurité, qui tranquille fur les évenemens raifonne faux fans confequence, & ne voit rien d'impoffible à exiger, parce qu'il ne court point de rifque, & qu'il n'a fans doute que fort peu de chofe à perdre.

Les repréfentations & les motifs fur lefquels la Compagnie s'étoit pourvûë au Confeil étoient *infiniment juftes*, on l'a dit avec verité, il eft même étonnant que le fieur Bourdon répete ce propos fur le ton du reproche, il eft très-probable de plus qu'elle auroit obtenu fatisfaction s'il avoit été poffible d'y fuivre l'Inftance ; mais c'eft cette poffibilité qu'il falloit acquerir, & il ne faut pas penfer que l'obtention de l'Arrêt de foit communiqué en eût ouvert la facilité ; car la bonté du Miniftre pour la Compagnie le détourna d'en permettre la fignification, attendu que follicité d'un autre côté par les Députés des Etats, il ne pouvoit pas équitablement arrêter l'activité des Contraintes qui auroient été mifes au moment que l'Arrêt auroit été fignifié. Il n'y avoit donc qu'un moyen pour arrêter les Pourfuites, & fe mettre en état d'introduire l'Inftance au Confeil, c'étoit de l'Argent pour acquitter les Quartiers échûs, mais il manquoit, & le fieur Bourdon qui reproche de n'avoir point fait fignifier l'Arrêt, auroit-il applani cet obftacle ! *

L'autre expedient qu'il propofe de perfifter dans les proteftations de régir pour le Compte des Etats, & de refufer la continuation des Payements eft d'une puérilité méprifable ; le fieur Mabille dans le tems de fa Députation à Montpellier avoit bien fait ces Dénonciations ; mais quel eft l'Homme fenfé qui n'en connoît pas fur le champ l'infuffifance contre un Titre executoire tel qu'un Bail ! des Débiteurs peuvent-ils fe faire des

---

* Et quand bien même on fe feroit mis en état de fignifier l'Arrêt, comment remedier au Renvoi à la Cour des Aydes que les Etats demandoient, & que le Miniftre ne croyoit pas être en droit de refufer ?

G

Titres de cette nature, & avec des Actes pareils, enchaîner un Créancier qui veut ufer de fon Droit, & exiger fon payement ?

L'autorité feule du Confeil pouvoit fauver la Compagnie du malheur des Executions provifoires, & elle auroit joüi de cette tranquillité, fi en accordant l'Arrêt de foit communiqué, il avoit plû d'y comprendre la Claufe de furféance. Mais ce bienfait manquant, l'imprudence auroit été extrême d'agir judiciairement contre un Corps puiffant & armé d'un Titre devenu formidable par l'état de détreffe de la Societé; il ne reftoit qu'une chofe à faire, c'étoit de profiter de l'inaction des Etats pour négocier en implorant la médiation du Confeil.

On y a donné tous les foins poffibles, mais doit-on imputer l'évenement aux Sieurs Gigot, Genty & Mabille, peuvent-ils être refponfables de la Décifion & de fes Conditions ? il y a plus, malgré les Pertes mêmes que la plus avantageufe de ces Conditions laiffoit encore fupporter, il n'en faut pas moins convenir que la Compagnie n'étoit pas en Droit de s'en plaindre.

Il eft certain en effet que la Caufe n'étoit naturellement point de la Competence du Confeil, & que malgré l'Arrêt de foit communiqué, Sa Majefté pouvoit fans injuftice avoir égard à la réclamation des Etats fur les Privileges de la Province, & renvoyer en confequence les Parties à la Cour des Aydes de Montpellier. Alors quand bien même la fignification de cet Arrêt n'auroit pas été arrêtée par des confiderations du plus grand interêt, la Compagnie n'en auroit pas recuëilli plus de fruit.

Il eft certain encore que Sa Majefté pouvoit fans bleffer aucuns Droits ne point interpofer fa médiation pour réfoudre les difficultés d'entre les Etats & leurs Fermiers, & ne point accorder à ceux-ci une fomme de 900000. francs pour les indemnifer de leurs pertes.

Il a donc fallu reconnoître dans ce que Sa Majefté a daigné faire à cette occafion, un Acte de bienfaifance fignalée propre à infpirer au moins la plus refpectueufe reconnoiffance.

Devoit-on l'accepter ? Ce feroit à la Compagnie elle-même à rendre compte des motifs qui l'y ont déterminé, mais ils ont déja été annoncés. Pour s'en deffendre, il auroit fallu payer comptant 160000. francs, foutenir le Bail pendant trois ans encore, plaider contre les Etats fans aucun efpoir de fuccès, & perdre en entier les 900000. francs accordés par le Roi; il eft néceffaire de balancer cette pofition cruelle avec la perte de 700000. francs reffentie en réfiliant, pour juger fainement des motifs de la réfolution de la Compagnie.

Mais enfin le fieur Bourdon Defplanches a-t-il donc tant de droit de s'élever contre cette Réfiliation, lui qui dès le mois d'Octobre de l'année précédente avoit foufcrit à une premiere Déliberation deftinée au même objet ? il ne doit pas fe flatter d'éluder l'objection, en oppofant que dans celle-là on avoit impofé la condition de compter de Clerc à Maître.

Car il eft toujours vrai que l'objet principal de la Déliberation du 29. Octobre 1756. fut de requerir que le Bail fut réfilié, relativement à l'impoffibilité de le foutenir, par l'impoffibilité éprouvée de régir les Droits affermés & d'en jouir.

Qu'importe que la Compagnie ait impofé la condition de compter de Clerc à Maître. S'enfuit-il que les Etats duffent y foufcrire & qu'elle fut obligatoire pour eux ? Ils rejetterent hautement & la Demande & la condition ; dans cet état l'impuiffance de foutenir le Bail fubfiftant toujours & avec beaucoup plus de dommage , après un an de plus , le même défir de réfilier loin de s'effacer ne pouvoit avoir acquis que plus de force & de motif ; mais en s'y déterminant il fallut perdre l'idée frivole de faire la Loy à un Corps qui avoit l'avantage d'être muni d'un Titre exécutoire , & fe foumettre à la recevoir.

Il eft donc très-jufte & très confequent de foutenir que la Compagnie n'a réfolu & arrêté par fa Déliberation du premier Octobre 1757. que ce qu'elle avoit déja refolu & déliberé par celle de l'année précédente, que c'eft le même effet qui a été operé, avec les modifications & les changemens néceffaires, relativement aux circonftances & à la poffibilité ; en un mot que c'eft la propre volonté du fieur Bourdon qui fe trouve confommée ; car il faut de toute neceffité compter pour rien l'addition de conditions , que ni lui ni la Compagnie n'étoient en droit de prefcrire & de fe faire accorder.

Pour differencier les deux Déliberations , il faudroit conftater qu'en dernier lieu on eût le droit de fe comporter differemment, & qu'on s'eft abftenu volontairement des conditions qui auroient été avantageufes. Sans cette preuve & fi l'on ne fait pas connoître par des Moyens plus fenfés que ceux du fieur Bourdon Defplanches , qu'il étoit poffible encore de fe relever de l'état défefperant où étoit la Societé, qu'on pouvoit parvenir à fe foutenir pendant les trois années qui reftoient encore à courir, il en faudra conclure deux chofes bien effentielles & bien décifives : l'une que la Réfiliation devint un Acte de raifon & indifpenfable , que telle qu'elle eft, elle a même été utile à la Societé , parce que conftamment elle perd de moins les neuf cent mille livres qu'elle a obtenus de la bienfaifance de Sa Majefté ; l'autre , que le fieur Bourdon Defplanches après avoir confenti à ce que le Bail fut réfilié , par la raifon des malheurs infinis de l'Affaire , ne peut pas être admis à fe plaindre de la Réfiliation exécutée par la raifon des mêmes malheurs, devenus plus accablans encore au bout d'un an.

QUATRIÉME PROPOSITION.

Mais il doit être de plus non-recevable à tous égards dans fa Pourfuite. Ceci n'a même trait qu'aux Fins de non-recevoir relatives au fond ; car ce qui concerne les Sieurs Gigot , Genty & Mabille perfonnellement n'a pas befoin de nouvelles preuves.

Premierement , l'acceffion du fieur Bourdon Defplanches à la Déliberation du 29. Octobre 1756. en produit une infurmontable ; car enfin comme il eft conftant que les conditions impofées par cette Déliberation, ne pouvoient point être exigées & ne pouvoient produire leur effet qu'autant que les Etats y auroient confenti, elles font annullées de droit par l'impoffibilité de les faire accepter. Mais le confentement pour réfilier n'en fubfifte pas moins dans toute fa force , attendu les motifs par lefquels il a été determiné , & qui étoient devenus plus preffans encore l'année fuivante , parce que la Societé avoit fupporté une année de plus de malheurs.

G ij

Secondement, les Claufes & Conventions de l'Acte de Societé ne peuvent pas être vaines : c'est la Loy de tous les Affociez contre laquelle nul ne peut être recevable à s'élever ; ainfi la Réfiliation ayant été arrêtée par une Déliberation & confommée en confequence d'une Procuration revêtues des formes convenuës par l'Acte de Societé ; le fieur Bourdon ne peut pas être recevable dans fa Demande afin de reftitution de fes fonds , & afin de dommages & interêts , parce que c'eft reclamer contre fon propre Engagement & fon propre Fait.

Il ne faut pas diftinguer ici fi les Conventions pour la validité des Déliberations doivent s'entendre & s'appliquer aux objets de Regie fimplement , parce que l'Acte de Societé ne diftingue point. Il eft fenfible même que toutes les Claufes d'un Acte femblable ne peuvent pas ne fe rapporter qu'à un objet particulier , il faut néceffairement au contraire, qu'elles embraffent tout ce qui a rapport au fond, à l'interêt & aux Droits de la Societé depuis fon principe jufqu'à la fin.

Ainfi ce qui a été ftatué & convenu entre tous les Affociez pour affurer la validité des Déliberations , doit s'appliquer à toutes celles que le cours & les circonftances de l'Affaire occafionneroient de prendre, quelqu'en pût être l'objet : & rien ne peut affoiblir l'effet de la Fin de non-recevoir qui réfulte de l'Acte de Societé contre le fieur Bourdon Defplanches.

Troifiémement, fon filence depuis le moment de la Réfiliation jufqu'au mois de Mars 1759. qu'il a entrepris d'actionner aux Confuls les Sieurs Gigot , Genty & Mabille ne produit-il pas encore une autre fin de non-recevoir. bien abfolue ; s'il avoit penfé que la Réfiliation foufcrite par les trois Députez de la Compagnie ne pouvoit pas compromettre fon Droit , qu'ils n'avoient pas un Pouvoir valable pour annuller le Bail, il devoit protefter contre ce qui s'étoit fait fans fa participation, s'oppofer à la nouvelle Adjudication, en un mot remplir toutes les formalitez que le Droit & un interêt légitime indiquent à quelqu'un qui a des juftes caufes pour empêcher qu'un Acte préjudiciable ne fe confomme. Il étoit pour lors à Paris , & en état de reclamer pour la confervation de fes interêts; fon filence dans cet inftant intereffant , doit donc être regardé comme un acquiefcement formel à la Réfiliation & à la nouvelle Adjudication. Dèslors il eft non-recevable , nul ne pouvant être tenu de le garantir , & de lui faire valoir de prétendus Droits qu'il a lui-même negligé de maintenir.

Ajoutons à ceci qu'il eft le feul des Affociez qui ait entrepris jufqu'à prefent de fe plaindre de la Réfiliation , & de fuivre à ce fujet une Inftance férieufe ; * cependant tous ceux qui comme lui n'ont point figné la Procuration & la Déliberation , avoient le même Droit ; leur filence produit donc de leur part un acquiefcement & une réunion au vœu commun qui attribue à la Réfiliation l'avantage de l'unanimité, de forte qu'elle eft maintenant comme fi elle avoit été ou confentie ou ratifiée par tous les Affociez en general.

---

* Le Sieur Bourdon Defplanches avoit bien excité le Sieur le Clerc , l'un des Intereffés , à former la même Demande que lui ; mais cet Affocié plus fenfé en a abandonné la pourfuite, auffi-tôt que l'Arrêt d'Evocation lui fut notifié.

Enfin, il a encore acquiefcé à la Tranfaction d'une façon bien expreffe, en recevant fans referves & fans protefter dans le courant de l'année 1758. fa Contribution dans la fomme de 412000. liv. reftituée par les Etats, à la Société qui leur en avoit fait l'avance.

On a déja obfervé qu'aux termes du Bail, cette fomme ne devoit être rendue que dans le courant de Janvier de l'année 1760. mais que la reftitution anticipée & fixée à l'année 1758. fut une condition de la Tranfaction pour réfilier. C'eft fans doute avoir approuvé & exécuté cet Acte que d'en avoir accepté les conditions; on eft donc encore très-bien fondé à oppofer ce dernier Fait au fieur Bourdon Defplanches, comme produifant une autre fin de non-recevoir dont il ne lui eft pas poffible de fe relever.

Tel eft cependant l'état dans lequel il fe prefente à la Juftice, nonrecevable à l'égard des Parties qu'il pourfuit, non-recevable de même quant au fond de fa prétention, & de plus mal fondé fur le tout; il s'étourdit fur tous ces obftacles, & fe flatte d'en triompher à force de licence & de fécurité.

Qu'il foit fenfible à la perte qu'il fupporte, la nature autorife ce fentiment, mais les Loix réprouvent les Moyens qu'il employe pour la réparer. On ne lui a point fait un tort qui ne foit qu'à lui, on n'a point réfilié pour lui faire perdre fes fonds; tous les Affociez éprouvent également la même infortune, mais forcez par les circonftances, ils fe font réfignez au facrifice d'une partie pour fe dérober à la perte du tout.

On ne peut point dire que cet Acte ait été fait à contre-tems, l'état connu de l'Affaire dépofe du contraire, & l'influence du Miniftere dans cette operation, le fecours que Sa Majefté a bien voulu donner aux Fermiers, tout prouve que leur fituation étoit défefperée.

Ainfi quand les fieurs Gigot, Genty & Mabille l'auroient confommée feuls, la participation de Sa Majefté à leur négociation, l'affiftance que fon Miniftre a daigné leur prêter, les garantiroit toujours des effets d'une pourfuite mal entendue & dirigée par un Homme mal intentionné.

Mais ils n'ont traité qu'en vertu d'un Pouvoir fpécial de leur Compagnie, Pouvoir autentique & rédigé dans les formes convenues par l'Acte de Société, ils ne peuvent donc point être fujets à une Action perfonnelle.

Si pour les féparer du Corps des Intereffez dont ils n'ont été que les Mandataires, on a ofé leur imputer des tromperies, & la fouftraction d'une indemnité, ces traits horribles que l'évidence dément, dont on défie de produire la moindre preuve, & contre lefquels enfin on ne craint point d'invoquer un témoignage des plus refpectables, ne fervent dans la Caufe du fieur Bourdon qu'à le charger d'un caractere odieux; fon action dans le principe ne paroiffoit tenir qu'à l'égarement, mais elle eft maintenant conduite par la mechanceté la plus âpre, & cet excès force les fieurs Gigot, Genty & Mabille à fortir de leur caractere & à devenir à leur tour Demandeurs contre celui qui ofe les diffamer auffi cruellement.

Ils auroient toujours vû fon Action avec la férénité qu'infpire la connoiffance du Droit & la certitude d'être au-deffus de tout reproche;

mais il les a conduit à un point qui ne permet aucune composition. Outragés avec une licence à laquelle il a crû devoir ajouter l'éclat de la publicité, ils se doivent à eux-mêmes d'en demander une réparation proportionnée, & ils esperent de la Justice du Tribunal devant qui ils ont l'honneur de plaider, qu'en le condamnant sur sa Demande on lui fera ressentir par un autre Chef, qu'il n'est pas permis d'être aussi licencieux, ou qu'au moins on ne l'est jamais impunément.

BUREAU DES COMPTES EN BANQUE.

Monsieur DARGOUGES, Maître des Requêtes, Rapporteur.

Me. GODESCART DE LISLE, Avocat

De l'Imprimerie de J. LAMESLE, Pont S. Michel, au Livre Royal, 1762.

www.ingramcontent.com/pod-product-compliance
Lightning Source LLC
Chambersburg PA
CBHW060509200326
41520CB00017B/4964